Herles · Sprachsignale

Helmut Herles

Sprachsignale

Zeichen der Zeit

1996

BOUVIER VERLAG · BONN

Die Deutsche Bibliothek - CIP-Einheitsaufnahme

Herles, Helmut:
Sprachsignale : Zeichen der Zeit / Helmut Herles. - Bonn :
Bouvier-Verl., 1996

ISBN 3-416-02601-2

 Satz: Bouvier Verlag, Bonn. Umschlaggestaltung: Michael Fischer, Köln. Druck und Einband: Druckerei Plump, Rheinbreitbach. Gedruckt auf säurefreiem Papier.

Inhaltsverzeichnis

Vorwort

Wer in einem mehrsprachigen Land wie Böhmen geboren ist, dem sind die deutsche Sprache - und andere Sprachen - von Kindesbeinen an nicht gleichgültig. Sie sind auch im Computerzeitalter mehr als austauschbare Elemente der Kommunikation. Man lernt früh hinzuhören, Unterschiede und Einzelheiten zu erkennen und die Sprache beim Wort zu nehmen.

Falsches Reden und falsches Denken hängen miteinander zusammen. Oft folgen daraus böse Taten. „Am Anfang war das Wort" - das gilt nicht nur im biblischen Zeitalter.

Dieses Buch ist seit 1989 aus der Beobachtung und der Auseinandersetzung mit der jüngsten deutschen Geschichte entstanden, ist ein Protest gegen das kleinliche Reden über große Ereignisse, über die „Kosten der Einheit" statt über die Kosten zweier Diktaturen auf deutschem Boden (Braun: 1933-1945, Rot: 1945-1989) und die Folgen der Spaltung. Einspruch dagegen, daß im Streit über die Auswirkungen der Einheit die Hauptsache - Befreiung und Freiheit - vernachlässigt wird.

Der Autor hat am eigenen Leib die jüngste deutsche Geschichte zwischen Scheitern und Gelingen, Schuld und Sühne, Wiederaufbau und Wiedervereinigung erlebt.

Kriegskind in Böhmen und Tod des Vaters als Soldat am Kriegsende 1945 bei Königsberg in Ostpreußen. Vertreibung aus Böhmen. Neuer Beginn in Thüringen. 1955 Flucht aus der DDR. Studium in Frankfurt am Main, Bonn und Wien. Berufliche Stationen bei „Publik" in Rom, der Süddeutschen Zeitung in Frankfurt am Main und seit 1975 politischer Publizist in Bonn, zuerst als Korrespondent der F.A.Z., nun als Chefredakteur des General-Anzeigers.

Diese Lebenserfahrung bringt es mit sich, daß der Autor ein Patriot der Bundesrepublik Deutschland in Europa ist, nicht einer Bonner oder einer Berliner Republik, sondern dieses in der deutschen Geschichte bisher am besten gelungenen Staates.

Das heißt nicht, daß er die Augen vor ihren Sünden und Gefährdungen verschließt.

Das Buch widmet sich den großen politischen Fragen und wie sie wahrgenommen werden, aber auch dem Alltag. Es ist ein Buch zum Nachdenken - und zum Schmunzeln. Der Ernst des Lebens, Witz und Humor sind keine Gegensätze.

Das erste Hauptkapitel „Red' ich von Deutschland“ setzt sich mit falschen Begriffen von der DDR und von der Bundesrepublik auseinander. Es widerspricht damit auch einer DDR-Nostalgie und der PDS-Kunst des Tarnens und Täuschens. Die Bundesrepublik ist nicht ehemalig. Sie ist und war weder „Trittbrettfahrer“ (Roman Herzog), noch „auf der Zuschauertribüne“ (Klaus Kinkel). Eine Rückblende zeigt die Gefahr der Sprachtrennung vor 1989 - geteiltes Bewußtsein, das bis heute nicht überwunden ist. Der Verfasser setzt sich mit der künftigen Rolle von Berlin als Bundeshauptstadt und den bleibenden Aufgaben von Bonn, der Bundesstadt, auseinander. Er sieht in einem Europa mit Vaterland, Region und Föderalismus die Antwort auf ein Europa des Eurozentrismus und Bürokratismus mit dem „Euro“ als Einheitswährung. Dieses Europa ist eine Hoffnung angesichts der Rückkehr des Krieges als letztes Mittel der Politik mit allen barbarischen Folgen.

Das zweite Hauptkapitel „Amtsdeutsch“ bringt mit vielen Beispielen die Möglichkeiten und Unmöglichkeiten der

Sprache der Gesetze und Verordnungen zur Anschauung. Von der Gedankenlosigkeit und Fragwürdigkeit der öffentlichen und veröffentlichten Sprache, vom Wahlkampf bis zur Rechtschreibereform.

Als „Zeichen der Zeit" werden im dritten Hauptkapitel gesellschaftliche Fragen diskutiert. Vom „unverkrampften" Bundespräsidenten über die Sprache des Krieges und der Gewalt, die „Roten Socken", die „Genossinnen und Genossen" hin zu den Vorurteilen gegen das Bonner Klima, das starke Geschlecht, die Vereinsmeier, die Nachbarschaft, den Karneval, von Humor und Verdruß bis zur Rolle des politischen Witzes.

Im Schlußkapitel geht es um Floskeln der Alltagssprache wie „Alles klar?", „Ehrlich und echt", „Blond und blauäugig", zu den Moden der angelsächsischen Einflüsse, die Wissenschaft und das Wetter, die Sprache der Speisekarten und die Zeichensprache, zum Sprechgesang als Vorspiel der Musik und zur Kindersprache.

Der Autor ist überzeugt, daß gerade in der modernen Medienwelt die Sprache das wichtigste Medium, das Handwerkszeug der Journalisten bleibt, Sprachgenauigkeit und Sprachempfinden vorausgesetzt. Der Spannung bewußt, daß man etwas veröffentlichen muß und dabei den Seufzer Friedrich Schillers im Ohr hat, daß sich nicht alles aussprechen läßt. Sinngemäß: Spricht die Seele, so spricht sie nicht mehr. Außerdem weiß der Autor, daß jeder Journalist, der über die Sprache schreibt, selbst im Glashaus sitzt. Man möge nicht zu große Steine gegen dieses Glashaus schleudern.

I. Red' ich von Deutschland

Man muß sich heute erinnern, was gestern war oder nicht war, um morgen nicht falsch zu urteilen und zu handeln.

Das gilt auch für unser Reden über Deutschland.

Wie war es? Wie ist es?

Was war die DDR - Was ist die Bundesrepublik?

1989: Im Anfang waren das Wort und die Bilder. Die deutsche Revolution von 1989 war - auch - ein Medienereignis. Herstellung der Öffentlichkeit vor allem durch das Fernsehen war ab Mitte der achtziger Jahre die Voraussetzung zur Überwindung der Angst in der DDR. Deren Herrschaft beruhte vor allem auf den Netzwerken der Angst. Stasi als Gegenbild zur Medienöffentlichkeit. Dagegen führte das Volk seinen Witz als Waffe. Es brachte im wahrsten Sinne des Wortes seine Sache zur Sprache und auf den Begriff. „Wir sind das Volk“, statt „Volksdemokratie“. Bald herrschte wieder Klarheit über den Begriff Deutsch, den die Westdeutschen schon fast für sich okkupiert hatten: „Deutscher Sportler verliert gegen DDR“; „Deutscher in der DDR verhaftet.“ . Auf der anderen Seite hatte die SED vergeblich versucht, den Begriff Deutsch als den konstituierenden Begriff unseres Volkes aus der Öffentlichkeit zu verbannen.

Nach der Öffnung der Grenzen und Mauern während der Einigung erzeugten Medien abermals falsche Bilder, vermittelten zu wenig die großen Dinge der Einheit und Freiheit. Es herrschte bald wieder das journalistische „Mann-beißt-Hund-Prinzip“, der Aberglaube, schlechte Nachrichten seien gute Nachrichten.

Aber: Nachdem das Fernsehen und der Rundfunk mit Ausnahme des Gebietes um Dresden, wo ARD und ZDF nicht zu empfangen waren, die Öffentlichkeit „drüben“ durchdrungen hatten, gingen nach der Öffnung der Grenzen die westdeutschen Zeitungen sofort auf einen Markt, der noch kein Markt war, sondern zunächst ein riesiges Zuschußgeschäft, und erfüllten damit die Aufgabe der eigentlichen Vereinigung der Deutschen, die mit der staatlichen Einigung noch längst nicht erreicht ist. Dabei ging und geht es um gemeinsame Sprachfindung, um die Wiederherstellung der Eindeutigkeit der Begriffe und der Klarheit, der Wahrheit der Sprache: Zum Beispiel: Die Bundesrepublik war vor 1989 mehr als ein Ort des Wohlstands und der „Jugendrevolte von 1968" (Luhmann). Thüringen ist nicht Ostdeutschland. Die Bundesrepublik ist nicht „ehemalig". Hier sündigen Journalisten, Politiker und Staatsbürger sprachlich und damit gedanklich gleichermaßen. Wir brauchen die Klarheit der Sprache und der Begriffe, um gedankliche Klarheit zu haben.

DDR: „Deutsche Dialektische Republik"

Zum Beispiel angesichts der DDR, der „Deutschen Dialektischen Republik". Was war die DDR? Im nachhinein hören sich manche abgegriffenen Bezeichnungen anders an: etwa das „Phänomen" des früheren Bundeskanzlers Kurt-Georg Kiesinger oder das eine Zeitlang in den westlichen Zeitungen als Waffe gegen kommunistische Anmaßung eingefügte Wörtchen „sogenannte" DDR. Tatsächlich, - „sogenannt" haben nicht zuletzt viele Menschen in der DDR selbst einen Staat empfunden, der für die Mehrheit von ihnen niemals ihr Staat war. Er war zwar deutsch im Sinn von Untertanengeist und Befehlsgehorsam, aber nie demokratisch und nie eine richtige Republik. Auch kein - wie er sich selbst nannte „Arbeiter- und Bauernstaat", sondern allenfalls eine „Volksdemokratie". Diese Verdoppelung des Begriffs war die Umschreibung für Diktatur, nicht etwa die von Karl Marx vorausgesagte des Proletariats, sondern des Politbüros. Eine Kastenherrschaft, die Oligarchie einer politischen Klasse, die am Ende auch eine Altersklasse war. Sie wurde mit dem selbstbewußten Ruf - „Wir sind das Volk“ entlarvt und aus den Angeln gehoben.

Das Volk hat sich selten über den Charakter dieses Staates getäuscht, das belegt der Volkswitz seit der DDR-Gründung, und es trug doch alles so lange und war so geduckt, in einem Doppelleben zwischen innerem Widerstand in der privaten Nische einer „Datsche“, eines Vereins, selbst einer Blockpartei, und dem Übersoll an äußerer Anpassung. Als nach „pazifistischen Anfängen“, da in den Schulen noch der „Kanonenofen“ verpönt war, schon in den fünfziger Jahren der preußische Militarismus wiederentdeckt wurde, noch bevor man den Stechschritt des Männerballetts der Nationalen Volksarmee der NVA à la Wehrmacht einführte, witzelten einige Sachsen und Thüringer über des roten Preußens Gloria, auf die Militärmusik anspielend: DDR heiße „Dädärä“. SED lautete schon bald nach ihrer Gründung: „Sicheres Ende Deutschlands“. (Siehe Kapitel „Witz“.) Aber es kam nicht „finis Germaniae“, sondern das Ende der SED und die Hoffnung auf ein neues Deutschland. Was nichts mehr mit dem Anspruch der Parteizeitung gleichen Namens zu tun hatte und nicht die einzige ironische Pointe der jüngsten DDR-Geschichte ist, nicht ihr einziger dialektischer Widerspruch.

Schon vor 1949 hatten die Fluchtbewegungen eingesetzt, die seither über drei Millionen Menschen in den Westen führten. 1990 zählte die DDR weniger Einwohner als 1949. Auch dazu hatte der Volkswitz ein böses Wort bereit: DDR übersetzt als „Der dumme Rest“. Aber dasselbe Volk widerlegte diesen Satz im Herbst 1989 mit einer friedlichen Revolution, die das SED-Regime stürzte, die Mauer in Berlin durchbrach und die perfekteste Grenzzone der Welt, fünf Kilometer breit von der Ostsee bis zum Erzgebirge, wieder passierbar und bewohnbar machte. Da Bert Brecht den Schülern der DDR vertraut ist, fiel vielen der Satz ein: „Das Volk ist nicht tümlich."

Zerrieben zwischen Protest und Flucht

A propos Bert Brecht - auch das gehört zu dem merkwürdigen „Phänomen", daß es privilegierte Schriftsteller in der DDR aushielten, die im Gegensatz zu den Millionen eingesperrter Bürger reisen konnten. Sie blieben aus einem Gemisch von Motiven heraus, die vom eigenen Vorteil bis zur verwegenen Hoffnung reichten, daß es vielleicht doch noch das deutsche sozialistische Utopia in Gestalt einer wirklichen Deutschen Demokratischen Republik geben werde. Brecht hatte nach der ersten Revolution in der DDR - jener vom 17. Juni 1953, die noch von den sowjetischen Panzern unterdrückt worden war - dem Ulbricht-Regime bissig nachgesagt, demnächst werde sich die Regierung wohl ein anderes Volk wählen müssen. Das hatte das DDR-Regime mit Stasi und Gehirnwäsche jahrezehntelang versucht. Manchmal schien es ihm sogar zu gelingen, wenn man an die Umwandlung einer Gesellschaft in eine Erziehungsfarm oder ein erfolgreiches Trainingslager für Goldmedaillen denkt, an Kinderkrippen, in denen zum Haß auf den Klassenfeind Westdeutschland „(v)erzogen" wurde, an Fahnenappelle und an Jugendweihen, an Hennecke-Schufterei (jene ersten „Aktivisten") und Normen, Pläne, - Soll und Übersoll. Oder an die noch am 7. Oktober 1989 jubelnden Massen vor Honecker oder dieselben Volkskammer-Abgeordneten, die gehorsam in die Hände klatschten, um wenige Wochen später lebendige, kritische und selbstkritische Debatten zu führen. Am Ende aber kehrte das Volk Brechts Satz um und wählte sich eine andere Regierung. Am 18. März 1990 wurde zum ersten Mal in einem Gebiet Deutschlands wieder frei gewählt, das seit 1933 keine richtigen Wahlen mehr gekannt hatte. Womit die zweite Phase der deutschen Oktober/November-Revolution - ihre Institutionalisierung und Parlamentarisierung - einen vorläufigen Abschluß fand.

Danach ging die Revolution in ihre dritte und schwierigste Phase, dem Volkswillen Ausdruck zu verleihen, der sich im Laufe der im September 1989 von Leipzig ausgegangenen und danach den ganzen Süden, schließlich Berlin und endlich den Norden der DDR ergreifenden Demonstrationen radikal verändert hatte. Man konnte diese Veränderung des Volkswillens an der Änderung der Sprüche und Forderungen ablesen, die Sprachsignale hören. Die Revolution verlief umgekehrt zur Hauptzeile des Deutschlandliedes: „Einigkeit und Recht und Freiheit.“ Zuerst demonstrierten sie vor allem für Freiheit und Recht, für Reisefreiheit, Öffnung der Grenzen und nahmen sich die Meinungsfreiheit heraus, protestierten gegen den Wahlbetrug der letzten Kommunalwahl von 1989, nachdem sie jahrelang den Wahlbetrug mit den offenen Stimmabgaben für die vorher zugunsten der SED-Macht ausgekungelten Kandidaten der „Nationalen Front“ hingenommen hatten. Später, gegen Ende des Jahres 1989, waren die schwarz-rot-goldenen Fahnen nicht mehr zu übersehen, und der Ruf nach Einigkeit wurde immer stärker: „Deutschland einig Vaterland." Wer das im Westen nicht überhörte, lag politisch bei den ersten freien Wahlen in der DDR richtig. Helmut Kohl und Willy Brandt lagen richtig. Der Kanzlerkandidat Oskar Lafontaine nicht. Er mußte gegen Helmut Kohl, den Kanzler der Einigung, unterliegen.

Den Sieg dieser Revolution hatten übrigens nicht nur die trotzigen Massen auf den Straßen erreicht. Unvergessen muß der Mut der Verzweiflung so vieler junger Familien bleiben, die über Ungarn und Prag die Bundesrepublik erreichten. „Deutschland, Deutschland über Ungarn" hatte in jenem Oktober zutreffend doppeldeutig ein ungarischer Chefredakteur gesagt. Zuerst wurden sie herzlich begrüßt, gar bewundert, danach waren sie für viele nur noch ein Dorn im Auge. Zumal auch Goldgräber, Traumtänzer, Go-West-Opportunisten sich unter sie gemischt hatten. Aber der Sieg der einen wäre ohne die Flucht der anderen nicht denkbar gewesen. Zwei große Volksbewegungen zur gleichen Zeit hatten das spätstalinistische SED-System zum Einsturz gebracht. Daran sollten die Politiker und Bürger denken, die glauben, eine Flucht aus der DDR sei schon wenige Tage nach der Revolution nichts anderes gewesen als ein Umzug von Frankfurt am Main nach München.

Klaus von Dohnanyi hatte DDR anders übersetzt, nach den Revolutionstagen des Herbstes 1989 mit gutem Grund: DDR als „Deutsche Demokratische Revolutionäre". Vielleicht aber wird der Wirklichkeit der DDR meine Deutung ihres Staatsnamens noch gerechter, DDR als „Deutsche Dialektische Republik". Die Grundschule, dialektisch denken zu müssen, durchlief dort bewußt oder unbewußt jeder. Allerdings nicht im Sinn des Lehrgebäudes, der Ersatzreligion des dialektischen Materialismus und des Marxismus, sondern des Doppellebens im Alltag. Jeder These wurde zugleich eine Antithese entgegengestellt oder zumindest mitgedacht, was in der DDR leichter war als in anderen kommunistischen Staaten, in der die Gemeinschaft mit der Mehrheit des Volkes über die Sprache, die unüberhör- und -sehbaren Medien und Familienbindungen niemals aufgehoben war. Die Antithese zum eigenen Staat war stets als Vorbild und notfalls als Zufluchtsort allgegenwärtig: die Bundesrepublik Deutschland mit Parlament und Regierung in Bonn, eine funktionierende parlamentarische Demokratie und eine Gesellschaftsordnung, die mit der sozialen Marktwirtschaft im Grunde schon den dritten Weg beschritten hatte, die Bundesrepublik als eigentliche „Deutsche Demokratische Republik“ im Sinn des Begriffs.

Wiederentdeckung der Kirchen

Die Revolution der DDR entsprach jenem dialektischen Zusammenhang von These und Antithese, die zu einer neuen Synthese führt. Es war eben nicht nur der Mut der Menschen allein, die sich auf Gorbatschow, die KSZE, auf die Entwicklungen zur Demokratie in Ungarn, Polen und dann in der Tschechoslowakei berufen hatten, sondern es war ebenso der Rückhalt, den die Bundesrepublik in der Europäischen Gemeinschaft und im westlichen Bündnis seit 1949 diesen Deutschen als Antithese zur DDR gab. Dabei könnte es durchaus eine List der Geschichte gewesen sein, daß Adenauer selbst nicht an die Wiedervereinigung geglaubt haben mag, als er sagte, sie werde nur kommen, wenn der Westen stark bleibe. Aber sie kam - als zweite ironische Pointe der Adenauerschen Westpolitik. So wie er eigentlich das Saarland bei Europa und damit bei Frankreich belassen wollte und es damit wieder deutsch machte.

In dieser Dialektik hielten die Deutschen aus der DDR nun der Bundesrepublik ihre Eigenarten entgegen. Manche Illusion, aber auch den Stolz: Wir sind keine schlechteren Deutschen, weniger russifiziert als ihr amerikanisiert, wir haben länger gelitten, den Krieg zweimal verloren, unsere Sportler waren besser, wir sind eben nicht die DDR - „der dumme Rest". Der These der selbstmitleidigen Minderwertigkeitskomplexe und der Westvergötzung steht die Antithese der eigenen Identität, gar der „Errungenschaften" der DDR gegenüber. „Nun wächst zusammen, was zusammengehört" (Willy Brandt). Aber das war ein Satz der Synthese dieser Antithesen. Doch es ging nicht ohne Wachstumsschmerzen und -störungen. Die staatliche Einheit bedeutet noch lange nicht die Einheit der Deutschen.

In den dialektischen Zusammenhang von Thesen und Antithesen gehörte in der DDR auch das Verhältnis zu den Kirchen. Die Staatsräson war atheistisch und antikirchlich. Viele Menschen fügten sich dem, paßten sich an, und die Jugendweihe als ersatzreligiöse Handlung für alle Vierzehnjährigen wurde schließlich hingenommen. Der Widerstand, der noch in den fünfziger Jahren gegen diesen staatlichen Kult spürbar war, erlahmte. Auch die Kirchen tolerierten jene „gesellschaftliche Pflicht" schließlich. Was in den fünfziger Jahren noch ein Zwang gewesen war, erschien in den achtziger Jahren als beinahe selbstverständliches Gesellschaftspiel mit gutem Essen und Feier im nächsten Lokal (und bleibt es bis in die neunziger Jahre), wo man sich dem Oberkellner genauso willig zu unterwerfen schien wie dem örtlichen Parteisekretär. Aber das war nur die eine Seite. Ein Teil derselben Menschen lebte ein Doppelleben und ging zugleich in die Kirche. Schon immer in die katholische Kirche, die es in der Immunisierung gegen das Regime leichter hatte als die evangelische, da sie als Minderheit in einer verdoppelten Diaspora lebte, mit einer oft nur noch nominell evangelischen Volksmehrheit und unter einem atheistischen Regime. Aber die evangelische Kirche, die Heimat Luthers, erlebte in diesen Jahren ein neues Pfingstwunder. Sie fand zur Kraft des Wortes zurück, lebte vor, daß das Wort von der Freiheit der Kinder Gottes kein leeres Wort war, daß Mut vor Fürstenthronen nicht nur für Martin Luther galt. Damit machte sie gut, was ein Teil ihrer Amtsträger in der Anpassung an die Obrigkeit zuvor gesündigt hatte, nicht nur Manfred Stolpe. Ohne die (evangelische) Kirche wäre die Revolution nicht denkbar gewesen.

Nachdem die Revolution gesiegt hat, sind heute die Kirchen wieder so leer oder fast so leer, wie sie es zuvor waren. Zur These des DDR-Staates: „Ohne Gott und Sonnenschein bringen wir die Ernte ein", kam die verspätete Antithese der Kirchenbewunderung und des Dankes an die Kirchen, der so weit ging, daß sogar die SED-Nachfolgerin, die PDS, geschlossen zum ersten ökumenischen Eröffnungsgottesdienst der ersten und letzten demokratischen Volkskammer der DDR mit den drei kirchlichen Moderatoren des Runden Tisches wie früher zu den Jubelfeiern ihres eigenen Systems marschierte.

Dennoch wird man diesem Teil des deutschen Volkes nicht gerecht, indem man ihn nur rühmt. Es sind alltägliche Menschen, keine Helden. Viele von ihnen waren verstrickt, wurden verstrickt, mußten ein Doppelleben führen, suchten ihre privaten Nischen auf. Viele hatten nicht einmal Zivilcourage, von Mut ganz zu schweigen. Hörte man den Gesprächen „drüben“ zu, vor allem in den Kirchen, erlebte man eine selbstkritische Einschätzung.

Spitzel und „Errungenschaften“

Der bedrückendste Ausdruck dieser Unterdrückung und Verbiegung von Menschen ist der Stasi-Apparat. Er hätte nie funktioniert, wenn nicht Tausende von 16 Millionen auf irgendeine Weise mitgearbeitet hätten und sei es als Wanderführer mit dem befohlenen Bericht über eine Gruppe aus dem Westen. Jeder Bericht, den jemand „nach oben“ gab, war auch ein Bericht für die Stasi. Dieser Apparat war allerdings so perfekt teutonisch, daß er am Ende dem Gesetz der modernen Mediengesellschaft erliegen mußte: aus Überinformation wurde Desinformation. Dennoch blieb dieser Apparat lange gefährlich, da wegen der Verstrickung einiger heute führende Politiker aus der ehemaligen DDR oder aufgrund des Wissens über das Privatleben westlicher Politiker jederzeit mit gezielten Informationen und Desinformationen Menschen „fertiggemacht“ werden konnten.

Noch schlimmer als die Bespitzelung ist die unbewältigte Vergangenheit des Mitwissens oder des Mittuns bei Mord und Totschlag. Wer von den jetzt zum sicheren Beamtenstatus gelangten „Volkspolizisten“ und Grenzsoldaten weiß etwas von Todesschüssen und hat es noch nicht gemeldet? Wo sind die Mörder, die den jungen Peter Fechter über Stunden an der Mauer verbluten ließen? Wo sind die betrunkenen Grenzsoldaten in Eisenach geblieben, die sich in einer Gaststätte darüber stritten, ob nicht auch sie wie ihre tschechoslowakischen Kollegen einen westdeutschen Pilzsammler erschossen hätten, der sich in den achtziger Jahren an der böhmischen Grenze verirrt hatte. Immerhin hätte die Hälfte dieser Gruppe geschossen - folgte man der Meinungsbildung jenes lauthals geführten Gesprächs. Wo sind die Mitwisser und Täter bei der Fortführung der Hitlerschen Konzentrationslager in Buchenwald und Bautzen unter kommunistischer Regie? Die DDR hat nicht nur die Stasi-Keller aufzuräumen, sie hat im makabren Sinn des Wortes Leichen im Keller, hat Massengräber. Eine der bösen Legenden ist jene vom angeblich guten Anfang der DDR, der später lediglich durch Ulbricht und Honecker pervertiert worden sei. Die gleiche Legende wurde über Marx und Engels verbreitet - als hätte nicht schon Marx die *„Diktatur* des Proletariats“ postuliert. Perversion und Menschenverachtung standen am Anfang, damals noch verschlimmert durch die sowjetische Diktatur. Ohne diese „Russenangst“ wären die bis in die achtziger Jahre anhaltende Angst als zusammenhaltendes Grundelement der Republik, der scheue Blick über die Schulter, nicht so lange wirksam gewesen. Angst vor der Marktwirtschaft und dem DM-Umtauschkurs suchte die PDS bis zuletzt zu schüren. Zum Fundament der DDR gehörten von Anfang an Propagandalügen, die zu Lebenslügen wurden, angesiedelt zwischen Vergötzung der Sowjetunion und „der Partei“ bis hin zur Selbstüberschätzung wider besseres Wissen: „Ohne Marshall-Plan kurbeln wir die Wirtschaft an“; „Von der SU lernen, heißt siegen lernen.“

Was wird von der DDR bleiben? Wenig von ihren Errungenschaften, die keine Errungenschaften sind, allenfalls ein

Anspruchsdenken, die Erwartung, etwas vorgeschrieben zu bekommen, in „Brigade“ und „Kollektiv“ untertauchen und geborgen sein zu können. Die Arbeiter wurden „kollektiviert“, das Kollektiv und die Brigade dem einzelnen übergeordnet. Auch dies begünstigte die Flucht in die privaten Nischen einerseits und andererseits Normenschinderei und Normen - Lügen. Pro forma wurde stets alles erfüllt und übererfüllt, das Weltniveau mehrfach eingereicht und übertroffen, woraufhin die DDR eigentlich das Dach der Welt hätte sein müssen. Hintersinnig wurde dazu Bert Brecht zitiert: „Ja mach nur einen Plan, sei nur ein großes Licht und mach noch einen zweiten Plan, geh'n tun sie beide nicht.“ Doppelmoral auch am Arbeitsplatz. VEB = Volkseigener Betrieb. Wer glaubte es? Es war ein Euphemismus, eine Schönfärberei unter anderen. Lügen mit langen Beinen. Aber auch dies erfaßt nicht die gesamte Wirklichkeit der DDR, denn zu gleichen Zeit gab es immer wieder Menschen, die nicht einmal den sowjetisierten Titel „Held der Arbeit“ trugen, sondern wirklich in ihrem Alltag schufteten, ihre Pflicht, ihr Soll mehr als erfüllten. Nicht zufällig stand die DDR an der Spitze des wirtschaftlichen Erfolgs im Ostblock, immer auch mit dem Seitenblick auf die reichen Vettern im Westen, denen man es zeigen wollte: Auch wir Deutsche sind so tüchtig wie ihr. Im Sport sogar noch tüchtiger. Selbstbewußtsein und Minderwertigkeitskomplexe in einem als Leistungsmotoren. DDR = Deutsche Dialektische Republik.

Und die Bauern? Sie hatten eine Zeitlang trotzig der Aufforderung widerstanden: „Werktätige Bauern überpflügen die Raine und schaffen mehr Brot für alle." Hinter diesem umständlich altmodischen Satz verbarg sich die Aufforderung: Geht in die LPG, die Kolchose. Schließlich fügten sie sich der Staatsmacht. Danach schienen sie im Laufe der Jahre ihren Frieden mit der Kollektivierung gemacht zu haben. Dem Aufstand der Städte stand kein Bauernaufstand zu Seite. Vielleicht auch deshalb: Zum ersten Mal in ihrem Leben konnten Bauern in Urlaub fahren, hatten geregelte Arbeitszeiten und zeigten dennoch zugleich, was in einem freien Bauern an Leistungskraft stecken kann, indem sie viel Ehrgeiz auf den Garten am eigenen Haus oder die eigene Kleintierhaltung verwendeten. Wer von ihnen außerdem in der Industrie arbeitete, sagte sich: „Freitag um eins ist alles meins." Vielleicht hätte aus der These: Hier der einzelne Bauer, der sich überarbeitet, und der Antithese der kommunistischen Kollektivierung nach der Vereinigung eine Synthese folgen können, die zum dritten Weg der Bundesrepublik und des einigen Deutschland gepaßt hätte: der Entdeckung eines wirklichen Genossenschaftswesens.

Zum Staatswappen der DDR gehört neben dem Hammer für den Arbeiter und den Ähren für den Bauernstaat auch der Zirkel der Intelligenz. Hier hat der Kommunismus die stärksten Verwüstungen und Verbiegungen angerichtet, sinnfällig abzulesen an Schriftstellern und Journalisten, die ihr SED-Buch erst abgaben, als es keinerlei Risiko mehr bedeutete, die „westlich" lebten und „östlich" redeten. Ein Trost ist, daß gerade in den Zirkeln der Intelligenz, der Hochschullehrer und Schriftsteller, eine selbstkritische Debatte begonnen hat, daß andere dort aus Scham verstummt sind. Aber die überall zu beobachtenden „Wendehälse" plustern sich auf, als seien sie „schon immer" unter den deutschen Demokraten und Freiheitshelden gewesen.

Daß es soweit kommen konnte, hängt auch mit jenem als „Errungenschaft" verkauften Zustand zusammen, daß die Menschen von der Wiege bis zur Bahre „betreut" wurden. Daß mehr Frauen als in der Bundesrepublik berufstätig sein konnten, war dadurch möglich, daß die Indoktrinierung schon in den Schulen vorangetrieben wurde - wobei die Herrschenden nicht daran dachten, daß sie in der Drill- und Lernschule den Jugendlichen aus dem „klassischen Erbe" der deutschen Nationalkultur mit Goethe und Schiller und selbst mit der Einhämmerung marxistischer Thesen gleichzeitig geistige Waffen gegen das eigene Regime bereitzustellen halfen. Denn gleichgültig, ob einer drüben Zitate aus der deutschen Klassik parat hatte oder aus dem Marxismus, mit beidem war die Wirklichkeit des „real existierenden Sozialismus" mit etwas Intelligenz mühelos zu durchschauen als unversöhnbarer Widerspruch zwischen Propaganda und Wirklichkeit, Schein und Sein. Die DDR-Wirklichkeit hielt weder Goethe und Schiller, noch Marx und Luxemburg stand, nicht einmal der listigen Formel, mit der einige schon immer in der DDR viel sagen konnten, wenn sie es nur wollten: „Ich hab mal 'ne Frage ..."

Trotzdem, in der Geschichte geht nichts verloren. Auch die vierzig Jahre DDR-Geschichte werden dem deutschen Volk nicht verlorengehen. Mag sein, daß die von der DDR verlangsamten Tempi des Geschichtsablaufs - „drüben" ist noch viel vom „alten Deutschland" zu sehen - dem ganzen Deutschland zu frischer Geschichtsanschauung verhelfen.

Aber noch ist auf dem Gebiet der gewesenen DDR der makabre Widerspruch zwischen strahlender Propaganda und Verelendung der Städte sichtbar: „Sozialismus heißt Ruinen schaffen ohne Waffen."

Das deutsche Volk ist um diese Erfahrung - hoffentlich - klüger geworden. Es war die schmerzlichste Lektion, die ein Teil des Volkes seit dem Dreißigjähren Krieg erleben mußte, den nahtlosen Übergang von einer braunen Kriegs- in eine rote Nachkriegsdiktatur hochmilitarisierten und militanten Charakters. Vielleicht hilft das, unser Volk künftig vor Diktatoren und Propagandisten, gleichgültig welcher politischen Färbung, zu bewahren. Das wäre das beste Erbe, das die geschichtliche Erfahrung der Diktatur in der DDR und ihrer Überwindung durch eine demokratische Revolution hinterlassen könnte. Aber geschichtliche Erfahrungen sind ebenso schwer weiterzugeben wie private, selbst wenn sie aus der bisher ersten gelungenen deutschen Revolution herrühren. Was übrigens ein Hauptverdienst der Deutschen Dialektischen Republik war: Sie hatte sich selbst überflüssig gemacht.

Die Bundesrepublik ist nicht ehemalig

Ich wehre mich dagegen, von der „ehemaligen Bundesrepublik" zu sprechen. Nicht die Bundesrepublik ist ehemalig, nur die DDR ist es. Auch hier mangelt es an der Klarheit der Begriffe. Feuilletonisten, die nichts anderes im Sinn zu haben schienen als Berlin, die angeblich „einzige" urbane Stadt in Deutschland, schreiben über die Bundesrepublik und ihr Symbol Bonn als „Idylle" oder als „Rheinbund", den es aufzulösen gelte. Wer sich so äußert, verkürzt die Leistungen der Bundesrepublik Deutschland, die es erst ermöglicht haben, daß die Deutschen in der DDR ihre friedliche Revolution beginnen und innerhalb eines Jahres die DDR überflüssig machen konnten.

Wer vor wenigen Jahren den Zusammenbruch der DDR und den Sieg der Freiheit vorausgesagt hätte, wäre als Phantast verlacht worden. Aber die Bundesrepublik ist eben nicht nur ein wirtschaftlicher Riese. Sie hat auf vielen Gebieten erfolgreich einen dritten Weg beschritten. Ihre Gesellschaftsordnung ist nicht mit dem Schlagwort Kapitalismus beschrieben, sondern genauer mit Erhards Begriff der Sozialen Marktwirtschaft. Dies ist ein dritter Weg, der nach der Vereinigung nicht einem neuen Manchester-Kapitalismus geopfert werden darf, etwa nach dem Motto: der Kommunismus ist tot, es lebe der Kapitalismus mit seiner süßen Korruption ... Das wäre der sicherste Weg zur Wiederbelebung der alten Ideologien. Die Bundesrepublik Deutschland konnte diese Erfolge nur erringen, weil sie ein auf Versöhnung der Gegensätze angelegtes Gemeinwesen ist. Sie ist kein „kapitalistischer" Staat, sondern ein sozialer Rechtsstaat mit einklagbaren Rechten, mit unabhängigen Gerichten, mit Nachprüfbarkeit und Kontrollen im Verwaltungsablauf, natürlich auch mit den Gefährdungen eines Parteienstaates, aber alles andere als eine Idylle. Erst in der Bundesrepublik sind die konfessionellen Gegensätze zwischen Katholisch und Evangelisch, die Deutschland jahrhundertelang gequält haben, einigermaßen versöhnt worden. Die Ökumene wird auch in der Politik praktiziert. Die Gründung von CDU und CSU nach dem Krieg war etwas völlig Neues für Deutschland.

Schon ein dritter Weg

Ein anderes Beispiel: Der Bundesrepublik gelang es, die über zehn Millionen Vertriebenen und die drei Millionen Flüchtlinge aus der DDR mit der einheimischen Bevölkerung im Lastenausgleich zu einer gemeinsamen Aufbau- und Friedensleistung zusammenzubringen. Die Heimatvertriebenen verzichteten schon 1950 in ihrer Charta feierlich auf Gewalt und Rache, als viele von ihnen noch in elenden Lagern wohnten. Auch deshalb wollen sie sich nicht ihre Geschichte rauben lassen, bleiben für sie Herder und Eichendorff ostdeutsche Dichter und ist Thüringen nicht Ostdeutschland, wobei sie übrigens mit dem Bewußtsein der Thüringer übereinstimmen.

Die Bundesrepublik hat eine eigene politische Kultur entwickelt, die mit dem Föderalismus zusammenhängt. Hier gibt es keine übermächtige Zentrale, die den Rest zur Provinz degradiert. Deutschland hat viele Hauptstädte, hat eine polyzentrische Kultur. Berlin und Bonn - Hauptstadt und Arbeitsstadt - das wäre die dieser Geschichte angemessene Hauptstadtlösung gewesen. Sie hätte auch die vom Föderalismus geschützte Selbstverwaltung der Kommunen gefördert. Die Bundesrepublik gibt Europa ein Beispiel der Überlegenheit des Föderalismus über den Zentralismus. Dies wirkt sich politisch wohltuend aus. Als Adenauer und Erhard, die Kanzler der CDU, in Bonn regierten, war die SPD-Opposition nicht ohnmächtig. Sie konnte über die Länder der Bundesrepublik eigene politische Gegengewichte bilden. Genauso war es bei den sozialdemokratischen Kanzlern Brandt und Schmidt, als CDU und CSU in Bonn in der Opposition waren, ist es jetzt wieder bei Kohl. Hinzu kommt, daß beide große Parteien stets auf die maßvolle kleine FDP als Mehrheitsbeschaffer angewiesen waren, was zur Kontinuität der deutschen Außenpolitik beitrug, verkörpert in den Außenministern Scheel und Genscher. Auch deshalb wäre es schade, wenn nun die FDP dieses Feld den Grünen oder gar der PDS überlassen müßte.

In der Bundesrepubik ist die Politik des einen Kanzlers ohne die des anderen nicht denkbar. Kohl als Kanzler der Einheit nicht ohne Adenauers Verankerung der Bundesrepublik im Westen und ohne Brandts Ostpolitik auf der Basis dieser Zugehörigkeit zur NATO und zur Europäischen Gemeinschaft. Das darf sich nicht ändern, weil die gemäß Artikel 23 des Grundgesetzes hinzugekommenen Deutschen aus der ehemaligen DDR es genauso wollten und weil die damalige Sowjetunion eingesehen hatte, daß ein Deutschland in der NATO ein sicherer Partner für alle Völker der Welt ist, während ein neutrales großes Deutschland alten Versuchungen eher anheimfallen könnte.

Um auf jenen Professor zurückzukommen, der die Leistungen der Bundesrepublik so schmal beschrieben hat, er hat weitere wichtige Grundentscheidungen übersehen. Jeder in der Welt weiß, was deutscher Erfindergeist vermag, aber die Bundesrepublik hat auf ABC-Waffen verzichtet. Deshalb ist es um so schlimmer, wenn einzelne Waffenhändler diese Staatsraison der Bundesrepublik schädigen oder einzelne Firmen sich als Giftmischer bei Saddam Hussein oder zuvor in Libyen betätigten. Ein anderes Beispiel: Sie hat ihre Bevölkerung schon Anfang der sechziger Jahre auf die Not in der Welt aufmerksam gemacht. Kaum ein Staat engagiert sich so vielfältig für die Überwindung des Nord-Süd-Gegensatzes und der Armut in der Welt. Deutschland ist also nicht nur ein schwieriges Vaterland.

Nun kann verwirklicht werden, was in früheren Jahren in den Reden der Politiker ein Ritual geworden war, die Formel von der „Einheit in Freiheit". Trotz aller wirtschaftlichen Schwierigkeiten bei der Wiedervereinigung der Menschen, die nach vierzig Jahren Trennung, Gehirnwäsche in der DDR und zuvor in der NS-Zeit manchen schwieriger erscheint als die staatliche Einigung, ist allen Deutschen bewußt: Das Lager DDR mit der fünf Kilometer tiefen Sonderzone von der Ostsee bis zum Erzgebirge und der Mauer quer durch Berlin existiert nicht mehr.

Was nun entsteht, ist nicht wie der spanische Journalist Heleno Saña behauptet hatte, ein „Viertes Reich". Derselbe hatte übrigens vorher beinahe das Gegenteil verkündet, wir seien eine „verklemmte Nation". Die um 16 Millionen Deutsche aus der ehemaligen DDR erweiterte Bundesrepublik muß nun alle ihre Energien darauf richten, ihr Haus in Ordnung zu bringen, die innere Spaltung in zwei Gesellschaften überwinden, ihren Dienst an der einen Welt in einem geeinten Europa leisten.

Bei der deutschen Einigung im vorigen Jahrhundert hatte es geheißen: Deutsche sein und Bayern bleiben. Heute muß es heißen: Europäer werden, Deutsche bleiben und darüber die Freunde in der Welt als Weltbürger nicht vernachlässigen. Dazu müssen Journalisten mit stetiger Aufklärung, Kritik und Selbstkritik, mit genauer Sprache über die deutschen Fragen beitragen. Hoffentlich vermögen wir es.

Rückblende vor 1989: Gefahr der Sprachtrennung - Geteiltes Bewußtsein: Deutsch/deutsch

1871, also in der Gründungszeit eines keineswegs alle Deutschen vereinenden Reiches, brachte Jakob Grimm das deutsche Dilemma auf den Satz: „Was haben wir denn gemeinsames als unsere sprache und literatur?“ Oder: Wenn man mit Ernst Moritz Arndt fragt, „Was ist des Deutschen Vaterland“, muß man nicht zuletzt über unsere Sprache nachdenken, um zu prüfen, ob die - mit historischer List? - von einem österreichischen Journalisten Anfang der siebziger Jahre in Bonn geprägte Formulierung von den „-deutsch-deutschen“ Verhältnissen schon eine tiefere Spaltung ausdrückte, als Mauern und Grenzen sie je zu zementieren vermochten.

Dieses Problem war ein Kern der deutschen Frage und nicht nur ein Stoff der Sprachwissenschaft. Aufgrund politischer Entscheidungen ist vor 300 Jahren das Niederländische als Hochsprache entstanden, während im Mittelalter dort noch verschiedene niederdeutsche Dialekte gesprochen wurden. Konnte also wegen der staatlichen Trennung allmählich eine derartige Spaltung der deutschen Sprache entstehen?

Der Germanist Hugo Moser hatte unmittelbar nach dem Bau der Berliner Mauer der deutschen Sprache im geteilten Deutschland eine ziemlich pessimistische Prognose gestellt. Der Gelehrte verwies vor allem auf die Umwertung der Begriffe, ihre Ideologisierung, die Neuschöpfung, auf den Einfluß der sowjetischen Politik und der russischen Sprache auf die deutsche Sprache in der DDR, ohne die entsprechenden Einflüsse und Änderungen im Westen unter angelsächsischem Einfluß zu verschweigen, die er aber offensichtlich gelassener hinnahm.

Aber was nicht nur Moser befürchtet hatte, war in jener Generationenspanne nicht eingetreten. Die Sprachgemeinschaft ist trotz der neuen Wortprägungen und der unterschiedlichen Semantik, der Umdeutung und „Besetzung" von Begriffen, wie man sie jetzt nachlesen kann, vor allem in Satzbau, Grammatik und Orthographie vereinigt geblieben. Im übrigen waren in die Umgangssprache der Bundesrepublik viel mehr Amerikanismen eingedrungen als in jene der DDR Russizismen, trotz der „Datscha".

Daß die deutsche Sprache der Spaltung alles in allem getrotzt hat, ist nicht zuletzt ein Verdienst der Literatur und der „Medien". Liest man beispielsweise ein Werk von Christa Wolf, braucht man kein Idiotikon fürs DDR-Deutsche. Damit erfüllt sich abermals ein Wort von Goethe und Schiller aus dem Jahr 1797: „Deutschland - aber wo liegt es? Ich weiß das Land nicht zu finden. Wo das gelehrte beginnt, hört das politische auf." Das westdeutsche Fernsehen hatte selbst die Neuworte der Bundesrepublik und des Westens bis ins letzte Dorf der DDR getragen. Insofern sind viele drüben „zweisprachig" gewesen, während in der Bundesrepublik sich zu wenige für den Gang der deutschen Dinge in der DDR interessiert haben. Übrigens haben nur wenige DDR-typische Bezeichnungen im Westen Eingang gefunden. Zum Beispiel: „die Republik" statt Bundesrepublik, „republikweit" statt „bundesweit".

Die „Spalter" saßen allerdings damals nicht nur im SED-Zentralkomitee. Was jenes mit Macht von oben versucht hat, am sinnfälligsten mit der Tilgung des Wortes „deutsch" aus der Verfassung der DDR und mit der Tilgung des

Textes der Becher-Hymne „Deutschland, einig Vaterland", ging in der Bundesrepublik häufig von geschichtsloser Gedankenlosigkeit, der Selbstzufriedenheit einer satten Mehrheit, also weniger von oben, als von unten aus. Die Gefahr einer existentiellen Spaltung zeigte sich am deutlichsten an der Begriffsverengung des Wortes „deutsch". Der Erlaß der Kultusministerkonferenz von 1978 über die deutsche Frage im Unterricht mit dem Kernsatz: „Deutschland ist mehr als die Bundesrepublik" und der Empfehlung einer „kritischen Aufmerksamkeit" gegenüber „unklarem und falschem Sprachgebrauch", war geduldiges Papier, hörte man auf die Sprache des Sports und des Alltags in der Bundesrepublik. Schon vor dem Mauerbau sprachen westdeutsche Sportreporter ungeniert vom „Deutschen Meister", auch wenn ein Sportler aus der DDR weit besser war. Da der Sport Millionen fesselt, waren das für Millionen falsche Deutschstunden.

„Deutschland vor - noch ein Tor!", das war sprachlich oft ein deutsches Selbsttor. Der Politikbetrieb der Bundesrepublik vereinnahmte den Begriff „deutsch" und „Deutschland" in seiner Verengung, vor allem in Wahlkämpfen (zum Beispiel: „Modell Deutschland"). Durfte man angesichts der Lage der Nation hinausposaunen: „Weiter so, Deutschland"? Auch die zahlreichen Schlemmer- und Schlummeratlanten, selbst „deutsche" Kunstführer in der Bundesrepublik grenzten das Wort „deutsch" auf die Bundesrepublik ein und grenzten damit die Deutschen in der DDR aus. Sie spalteten das Bewußtsein von der Gemeinsamkeit aller Deutschen im Kern: Das Wort „deutsch" ist aus dem Althochdeutschen „diutisk" entstanden. Es bezeichnete alle, die zum „Diot", zum gleichen Volke, gehören. Wenn also jemand, der „deutsch“ ist, nicht mehr „deutsch“ genannt wurde, dann war das eine tiefere Spaltung, als sie die staatlichen Spalter zu bewirken vermochten. Für diese deutschen Nachtgedanken war es ein Hoffnungsschimmer, daß Honecker trotz seiner Verfassungsänderung in Bonn stets von den beiden deutschen Staaten sprach und daß ihn der Bundespräsident als Deutschen unter Deutschen begrüßte. Denn die Sprache ist das „Lagerbuch des Verstandes“ (Herder).

Fußnote: Dieser Aufsatz entstand vor der staatlichen Vereinigung der Deutschen, als sie noch als Utopie erschien und wurde umgearbeit. Wie steht es heute um unser Bewußtsein von den deutschen Dingen? Wo stehen die Deutschen heute?

Ungeduld und Erinnerungsfähigkeit am 3. Oktober

An den neuen Feiertag, den 3.Oktober, als Tag der deutschen Einheit zur Erinnerung an den Beitritt der DDR zur Bundesrepublik im Jahr 1990 haben sich viele noch nicht gewöhnt.
Wir sind ein ungeduldiges Volk. Betrachten uns Nachbarn, so sagen sie: Euch fehlt es vor allem an Geduld. Ihr habt ohne Krieg erreicht, worüber ihr jahrzehntelang geredet habt. Andere Völker beneiden Euch.

Aber so reden zur Zeit eher die anderen. Bei uns bemerkt man im Osten eine Leere, die der Sozialismus hinterlassen hat. In diesem Leerraum sucht ein neuer Terrorismus von Rechtsextremisten Teile der jungen Generation zu verführen. Dem müßten Eltern, Vereine, Parteien und Kirchen Ziele und Aufgaben entgegenstellen. Zum Beispiel ein vom Bundespräsidenten zu förderndes Jugendaufbauwerk Ost mit einer Mischung aus Dienst und Freizeitgestaltung. Oder: Wo die Jungen Pioniere und die FDJ aufgehört haben, hätten längst nicht nur die Pfadfinder sein müssen.

Im Westen schauen zu viele nur auf die Kosten der Einheit. Daß dies so ist, liegt an falschen Beschlüssen wie dem Milliarden-Umzug von Bonn nach Berlin, aber auch an anderen Denkfehlern. Diese äußern sich in Sprachfehlern. Zu zaghaft wird daran erinnert, daß der Tag der deutschen Vereinigung vor allem ein Tag der Freiheit ist. Ein riesiges Lager wurde geöffnet. Die Reise- und die Redefreiheit wurden wiederhergstellt, um nur zwei der wichtigsten Freiheiten zu nennen. Man redet von den Kosten der Einheit, statt von den Kosten der Spaltung und einer braunen und roten Diktatur zu sprechen. Diese Spaltuing zu überwinden kostet Opfer. Sie zu bringen ist das Volk bereit, wenn es richtig angesprochen wird. Den Solidarpakt hätte es schon 1990 geben können. Da aber der erste Vorschlag dazu vom damaligen SPD-Chef Hans-Jochen Vogel gekommen war, „mußte" der Kanzler ihn erst einmal ablehnen.

Ein anderer Grundfehler ist die deutsche Gründlichkeit im Verwaltungswesen. Westdeutsche Bürokratiekritik seit Helmut Schmidt hat nichts genützt. Dennoch wurde dieses überkomplizierte System ohne jeden Versuch der Bereinigung dem Osten übergestülpt. Damit hatte man eine für alle Deutschen wichtige Möglichkeit vertan.

Ein anderer grundlegender Irrtum:. Zu leichtfertig wird von der „alten" der „Bonner Republik" gesprochen. Aber das deutsche Volk will weiter dieses Grundgesetz, und sein unterdrückter Teil wollte es ebenso. Wir sind und wollen die Bundesrepublik Deutschland bleiben.

Neben dem Scheitern gibt es vielfach das Gelingen. Viele kleinere und mittlere Unternehmen und Handwerker sind trotz aller Schwierigkeiten in den neuen Ländern erfolgreich. Im Osten sagen die meisten, daß es ihnen persönlich besser geht als vorher, nehmen aber zugleich an, den meisten anderen gehe es schlechter. Die Zustände in Deutschland sind auch eine Frage der Wahrnehmungsfähigkeit.

Ein großes Volk ist angesichts einer großen geschichtlichen Erfahrung kleinmütig. Wir sind eine Stimmungsnation. Wir fühlen uns schlechter, als es uns geht. Deshalb müssen wir uns unsere Freude über die Vereinigung 1989 ins Gedächtnis zurückrufen: Denn ohne Erinnerungsfähigkeit kann niemand die Gegenwart meistern und den Weg in die Zukunft finden.

Keine Geschichte des Scheiterns

Der Überschwang von 1989 ist dahin. Über Schwächen und Schwierigkeiten dürfen jedoch neben der Hauptsache, der Freiheit, die Leistungen nicht vergessen werden. Auch die Deutschen im Westen können stolz sein. Ohne die von Bonn aus gestaltete Geschichte wäre der Beitritt der neuen Länder nicht möglich gewesen. Das darf ebensowenig wie die friedliche Revolution im Osten vergessen werden. Seither flossen 800 Milliarden Mark in die neuen Länder. Rentner konnten früher von heutigen Renten nur träumen. Beinahe eine halbe Million Selbständiger beschäftigt drei Millionen Menschen. Aber auch hier ist das Gegenbild nicht zu übersehen - die Angst der Fünfzigjährigen vor Arbeitslosigkeit oder die Unfähigkeit, die umfassende Gängelung der Jugendlichen in der DDR durch Erziehung zur Freiheit zu ersetzen.

Freizeit allein reicht nicht. Die geistig-politische Auseinandersetzung mit dem SED-PDS-Sozialismus kommt immer noch zu kurz. Die DDR ist tot, aber ihre Ideologie, Taktik und Bündnisse leben. Zu selten wird gesagt, daß den „real existierenden" oder „vegetierenden Sozialismus" nicht der Kapitalismus abgelöst hat, sondern der seit 1949 erfolgreich beschrittene dritte Weg der Bundesrepublik, die soziale Marktwirtschaft. Zu viele streichen aus diesem Begriffspaar das Wort sozial.

Dennoch ist es richtig, weniger über Sorgen nachzudenken, als sich über das Erreichte zu freuen. Die Zeit der „Besserwessis" und „Jammerossis" läuft ab. Umfrageergebnisse bestätigen es, jeder Besuch in den neuen Ländern ebenso.

Einige Aussprüche haben diesen Prozeß von Anfang an begleitet und manch falsche Erwartung geweckt: „Nun wächst zusammen, was zusammengehört“ (Brandt). Die „blühenden Landschaften“ (Kohl). Deutschland werde östlicher und protestantischer (de Maizière und Volker Rühe). Dazu ist anzumerken: Es muß nicht alles zusammenwachsen. Deutschland lebte schon immer aus Verschiedenartigkeit und Vielfalt. Die blühenden Landschaften entstehen, aber nicht im Zaubertempo, und hoffentlich werden die Fehler des Westens bei diesem Auf- und Umbau nicht alle wiederholt. Und Deutschland ist trotz des Berlin-Beschlusses bisher nicht östlicher geworden. Will und soll es nicht werden, sondern Partner der Wertegemeinschaft des Westens und selbstbewußter, aber nicht selbst-überheblicher Weltbürger sein.

Einzelheiten:
Wir sind das Volk - Wir sind ein Volk

Wenn die Worte erst einmal geflügelt sind, weiß die Sprachgemeinschaft oft nicht mehr, wer sie zuerst fliegen ließ. Gelegentlich gibt es mehrere Urheber, weil die Wirklichkeit sich ihre Begriffe sucht. Der Volksmund sagt: „Zwei Seelen, ein Gedanke." Immer wieder forscht die Gesellschaft für deutsche Sprache in Wiesbaden nach der Herkunft von Worten und sprachlichen Bildern, die plötzlich in aller Munde sind. Eines davon ist das Wort des Jahres 1989, das die DDR-Demonstranten riefen: „Wir sind das Volk." Wenig später: „Wir sind ein Volk." Der Psychologe Ulrich Beer, Buch- und Fernsehautor in Eisenbach im Hochschwarzwald, hatte, als er über eine neue deutsche Hymne nachsann, „zufällig" in dem „fast vergessenen Buch" von Hans Christ „Die Rolle der Nation in Europa" den Hinweis auf die Herkunft des Wortes „Wir sind ein Volk" gefunden - es stammt von Theodor Herzl, dem Vater des Zionismus und damit des neuen Staates Israel.

Sprachsignale

Konrad Weiß, als (Ost)-Berliner Regisseur und Schriftsteller einer derjenigen, denen die Deutschen die Vereinigung als Befreiung zu verdanken haben, hatte im Bundestag dennoch mit falscher Sprache über die deutschen Dinge gesprochen.

Vergleiche hinken. Aber der Vergleich von Konrad Weiß in der Sitzung des Parlaments über das Bonn-Berlin-Gesetz fiel auf die Nase: Er setzte die auch von ihm gestürzte DDR der Bundesrepublik Deutschland gleich und verunstaltete die Bundesrepublik als „rheinisches Intermezzo". Weiß wollte weismachen: „Der Funkspruch, daß das rheinische Intermezzo ebenso beendet ist wie das sozialistische, ist am Rhein offenbar noch nicht angekommen."

Falsche Gedanken und Informationen führen zu falschen Vergleichen. Die Bundestagspräsidentin Rita Süssmuth widersprach mit Recht, und die Abgeordnete Editha Limbach rief dazwischen: „Die Bundesrepublik war kein Intermezzo, Herr Kollege."

Weiß verstieg sich sogar dazu, das auch hier von 1945 bis heute nicht immer einfache Leben als „dolce vita am Rhein" inszeniert zu sehen. Recht hat er allerdings, als er zum Umzug von Bonn nach Berlin sagte: Wichtiger als das monetäre wäre das „mentale Signal." Auf deutsch: Wichtiger als das Geld sind die Gedanken, die hinter unseren Taten stehen. Weiß aber hatte ein merkwürdiges „mentales Signal", ein falsches Zeichen gesetzt. Das tat jetzt auch die in der Zeit der Spaltung zäh an der deutschen Einheit festhaltende FAZ. Sie schrieb zum 40jährigen Jubiläum der Bundeswehr vom „westdeutschen Teilstaat". Das war die

Sprache der DDR über die Bundesrepublik. Sie darf nun nicht Sprache der Bundesrepublik werden. Die Bundesrepublik war und ist mehr als ein westdeutscher Teilstaat.

Hauptstadt

So verdienstvoll der Deutschlandfunk als der Informationssender ist, er verstärkt dennoch einen Sprachmißbrauch. Wir wollen auch mit der Bundeshauptstadt Berlin die Bundesrepublik Deutschland bleiben, ein föderalistischer Staat, der von vielen Zentren her lebt.

Deshalb ist es verkehrt oder ein Hinweis auf den Weg in eine andere Republik, daß im Deutschlandfunk, und nicht nur dort, zunehmend von Berlin als der „Hauptstadt" gesprochen wird, zunehmend auch von der „deutschen Hauptstadt" und der „Hauptstadt Deutschlands". Bundeshauptstadt oder der Name Berlin reichen. Stirbt mit der Bundesbahn und der Bundespost auch die Bundeshauptstadt?

Geschichtlich hat der Sprachgebrauch „Hauptstadt" mehr mit dem Reich von 1870 bis 1945 zu tun oder mit dem Trommelwirbel der DDR: „Wir schalten um in die Hauptstadt der Republik!" Im Nachhinein hat die DDR sprachlich manchen Sieg errungen.

Noch einmal: Berlin ist die Bundeshauptstadt. Es war ein Fehler (oder ein Sieg de Maizières, des ersten und letzten demokratischen Ministerpräsidenten der DDR), in den Einigungsvertrag zwischen Bundesrepublik und DDR „Hauptstadt" statt Bundeshauptstadt zu schreiben. Denn Hauptstädte gibt es in Deutschland viele. Früher mit den Pfalzen von Gelnhausen oder Goslar, heute in Frankfurt am Main, München, Düsseldorf, Dresden, um nur einige Beispiele zu nennen. Berliner „Hauptstadt-Hauptstadt"-Fanfaren sind der deutschen Kultur noch nie gut bekommen.

Bundesstadt

Vermutlich ist es oft so, daß manche Wortspiele und Witze gleichzeitig „in der Luft liegen“, also mehrere Väter und Mütter haben. Dennoch streiten sich Finder oder Erfinder über das Urheberrecht. Laut Berlin-Bonn-Gesetz hat Bonn, die frühere provisorische Bundeshauptstadt, auch künftig einen besonderen politischen Charakter als „Bundesstadt“. Zwar betrachten manche Kenner wie der Bonner Hans Schafgans diesen Titel als überflüssig wie einen Kropf. Andererseits sind politische Begriffe sinnvoll, wenn sie mit Leben erfüllt werden. Und das muß in Bonn künftig geschehen, damit nicht noch mehr vom Rhein an die Spree rutscht, wenn Bundestag und Bundeskanzler erst einmal umgezogen sind. Den Begriff Bundesstadt haben sowohl der Landrat des Rhein-Sieg-Kreises, Franz Möller, als auch der frühere Oberbürgermeister von Bonn, Hans Daniels, urheberrechtlich beansprucht. Wir glauben zu wissen, daß Möller der erste war. Er hatte den Begriff in der Schweiz kennengelernt. Noch ältere Rechte kann Professor Antonius John (Bonn) geltend machen, Zeuge der Entstehung des ersten Programms der CDU in Ahlen. 1946 bis 1949 gehörte er einem Gesprächskreis um die „Frankfurter Hefte“ an. Schon damals habe er gegen die Wiedereinführung des Begriffs Hauptstadt, die alle anderen Städte als „Nebenstädte“ diskriminiere, die Bundesstadt gesetzt. Das schien ihm im Blick auf den neuen Bundesstaat die „treffende Bezeichnung für den Sitz der politischen Institutionen zu sein“. „Ich wurde abgeschmiert. Vielleicht, weil ich der Jüngste in dem Kreise war.“ Er habe aber diesen Begriff niemals aufgegeben und ihn sofort beim Streit um Berlin und Bonn wieder in die Debatte gebracht.

Mit dem Bundestagsbeschluß vom 20. Juni 1991 sollte keine Tabula rasa am Rhein entstehen, sondern ein Kompromiß gefunden werden. Gerade die acht Ministerien sollen in Bonn bleiben, die für die künftige Profilerung Bonns als Bundesstadt wichtig sind:

1. als politische Stadt und als Verwaltungszentrum des Bundes (ich teile nicht Professor Kaltefleiters Illusion, den „Bund" klaglos wegziehen zu lassen, ins Bönnsche übersetzt „Los se all jon", als ob Bonn ohne Bundesbeamte weitaus zukunftsträchtiger wäre).
2. als Zentrum für internationale Zusammenarbeit
3. als Region der Wissenschaft und Forschung
4. als Region einer zukunftsorientierten Wirtschaftsstruktur und
5. als Modell der mit der Natur versöhnten Städtelandschaft und Kulturregion.

Die Bundesstadt Bonn und die kommunale Stadt, auch hier betreten wir ein Spannungsfeld mit zwei Polen: Bonn und Bonn. Das städtische Bonn und das politische Bonn als Plattform der Verbindung zu Westeuropa, zur EG, zum Europarat und zur Weiterentwicklung des Europagedankens, wie er schon mit der im Westen verankerten Bonner Ostpolitik eröffnet wurde.

Warum der Bundesrat in Bonn bleiben sollte

Bonn als Stadt des Föderalismus, als Bundesstadt muß deutlicher als bisher ins Blickfeld gerückt werden. Für die Austarierung der Gewichte in Deutschland, die Erzeugung einer fruchtbaren Spannung, die Gewaltenteilung, den deutschen Polizentrismus wäre es gut, wenn der Bundesrat im Sinn der künftigen Symbiose Berlin und Bonn - Bonn und Berlin - für immer seinen Sitz in Bonn nähme. Bonn weiß zwar, daß Provisorien sehr lange halten, aber es hätte eine Entscheidung des Bundesrates verdient, nicht nur für zehn Jahre hier, mit eine Art Ehe auf Probe zu bleiben. Diese Probe hat Bonn in den letzten vierzig Jahren längst und gut bestanden.

Der Bundesrat wird beim Blick auf die Zahl der Ministerien und der Arbeitsplätze wegen seines schmalen Stellenplanes unterschätzt. Er ist keine Kammer der Länderlobbyisten allein, er ist ein Bundesorgan. Nur mit der Erhaltung wenigstens eines Bundesorgans würde man den vierzig Jahren guter deutscher Geschichte, wie sie von Bonn gestaltet wurde, die Reverenz erweisen, die sie verdienten, ohne Berlin etwas zu nehmen.

Für Bonn als Sitz des Bundesrates sprechen mehrere Gründe:

Ein Parlament der Verwaltenden

1. Der Bundesrat ist ein Parlament der in den Ländern Regierenden, er wird von den Landesregierungen besetzt. Er ist aber auch in seinen Ausschüssen ein Parlament der Verwaltenden. Bonn soll Verwaltungszentrum des Bundes bleiben, warum sollten sich die Verwaltenden nicht weiter

wie bisher in Bonn zusammentun, wo alles eingespielt ist und funktioniert, oder sind wir Deutschen schon wieder zu unruhig, um einen erträglichen Zustand als Zustand zu ertragen?

2. In Bonn fände der Bundesrat viel mehr *Medienaufmerksamkeit* denn als „kleines“ Bundesorgan im großen Berlin.

3. *Die Nähe zu Brüssel.* Für die Beibehaltung des Bundesratssitzes spricht die Nähe zu Brüssel. Der Bundestag hatte sich spät erst einen Europaausschuß eingerichtet. Nach Maastricht und fünf Minuten vor dem Binnenmarkt. Der Bundesrat war lange Zeit das einzige Bundesorgan der Deutschen, das sich nicht nur mit seiner Europakammer um Brüssel kümmerte.

4. In den Alltag der Menschen greifen *Verordnungen* oft unmittelbarer ein als Gesetze, man denke nur an die Straßenverkehrsordnung. Sie werden von Verwaltenden in der Bundesregierung entworfen und nur vom Bundesrat und nicht vom Bundestag geprüft. Auch dieses Zusammen- und Gegenspiel kann künftig weiter in Bonn geschehen.

5. Die sechszehn *Landesvertretungen* wären damit gehalten, sich auf Dauer so einzurichten, wie sie sich schon eingerichtet haben, mit dem Hauptsitz in Bonn, der oft über denselben Minister oder dieselbe Senatorin zugleich ein Büro in Brüssel hat, und mit dem noch zu bauenden oder zu findenden Sitz in Berlin beim Bundestag und dem „Kernbereich“ der Regierung. So könnte Deutschland in Europa künftig organisiert sein, nicht Berlin-zentristisch, sondern mit drei großen „B“ lebend - Brüssel, Berlin und Bonn. Mancher Lobbyist richtet sich schon so ein, so BMW mit dem früheren Leiter der Rheinland-Pfälzischen Landesvertretung Johannes Neukirchen in Bonn, verstärkt mit der

ausdrücklichen Ausweitung des Bonner Auftrags auf Brüssel.

Die zweite europäische Kammer an den Rhein

Damit die Bundesstadt Bonn als Sitz und Symbol des deutschen Föderalismus (auch als Erfolgsgeheimnis der Deutschen) lebendig bleibt und dem Bundesrat das Bleiben erleichtert, wird der Bund und Europa auch auf andere Weise in Bonn präsent sein.

Die Bundesländer haben auf dem Regierungsgipfel in Maastricht ein Gremium der Regionen durchgesetzt, aus dem eine zweite europäische Kammer neben dem Europäischen Parlament werden müßte. 24 deutsche „Vertreter der regionalen und lokalen Gebietskörperschaften" sitzen unter den 189 Mitgleidern dieses Ausschusses der Regionen. Da der deutsche Föderalismus und Regionalismus zum Beispiel Vorbild für den Regionalismus in Italien, die Dezentralisierung der japanischen Hauptstadt Tokyo und selbst für antizentralistische Tendenzen in Frankreich ist - warum könnte diese zweite europäische Kammer nicht ihren Sitz in Bonn nehmen?

Deutschland fährt besser mit einer dem Föderalismus der deutschen Geschichte entsprechenden Struktur. Das heißt in unserem Falle Berlin und Bonn, nicht Berlin allein. Berlin allein war nur eine historische Episode und eine, die dem deutschen Volk und seinen Nachbarn nicht bekommen ist. Was ein übermächtiges Berlin für den Föderalismus bedeuten könnte, hat der brandenburgische Ministerpräsident Stolpe im Gespräch mit dem General-Anzeiger so formuliert: „Brandenburg und Berlin sitzen in der Frage der Zukunft in einem Boot". „Es steht fest, daß die Region Brandenburg-Berlin historisch und kulturell unumstößlich zusammengehört. Das muß jetzt in einer angemessenen Weise geregelt werden ... Da beginnen meine Sorgen. Ich fürchte, daß wir vor einer Wiederholung der Entwicklung vom Anfang des Jahrhunderts stehen, wo Berlin wie ein Magnet alles angezogen hat. Wir hätten dann eine Situation, wo ein breiter Speckgürtel um Berlin vielleicht ganz gut profitieren könnte, aber in der Tiefe des Landes allenfalls schöner Wald, herrliche Wiesen und attraktive Gewässer bestehen würden." „Für uns im Osten ist Bonn immer die Lokalisierung einer Politik gewesen, auf die wir geschaut haben, die für uns wichtig und ein Hoffnungssignal gewesen ist. Deshalb kann ich mich mit einer Entweder-Oder-Haltung, die eine völlige Absage an Bonn enthält, am allerschwersten anfreunden."

Zu diesen Perspektiven gehört nun auch das Bonn-Berlin-Gesetz im Sinn der Streitbeilegung (Horst Ehmke) und eine auch vom Regierenden Bürgermeister Diepgen für möglich gehaltene geistig-politische Städtepartnerschaft zwischen Bonn und Berlin für eine gedeihliche polyzentrische, föderalistische Entwicklung von Deutschland in Europa, mit den beiden Polen Berlin und Bonn. Damit es nie wieder so ist, wie im „Kladdaradatsch" am 15.02.1874 zu lesen war (ich verdanke diesen Fund Johannes A. Seifert aus Mekkenheim-Merl):

„Aber mehr noch ist zu rügen,
daß Berlin gleich voll Vergnügen
diese Sachen an sich bringt -
dies Berlin, das stets gefräßig ...
alles Herrliche verschlingt ...

Ja, ich sags mit Sehermunde:
Kommen, kommen wird die Stunde,
wo das Schreckliche passiert,
wo zuletzt der rücksichtslose Preuße
selbst die Welfenhose
nach Berlin zentralisiert."

Diese „schreckliche Stunde" wird nicht mehr kommen, in der alles in Berlin zentralisiert ist, weil die spannungsreiche deutsche Nation im spannungsreichen Europa (es ist paradox, die Entspannungspolitik hat gesiegt, und alte verdeckte Spannungen sind schrecklich neu und virulent geworden) künftig mit zwei Polen oder zwei Brennpunkten der einen Ellipse sich organisieren wird, mit der Bundeshauptstadt Berlin und der Bundesstadt Bonn, nahe bei Brüssel, mit den vielen anderen deutschen „Hauptstädten". Der Berlin-Bonn-Beauftragte von Helmut Kohl, Bundesbauminister Klaus Töpfer, hat dies verstanden. Der gebürtige Schlesier wird auch deshalb als redlicher Makler in diesem Streit anerkannt. Was nicht ausschließt, daß am Ende dennoch mehr nach Berlin rutschen wird, als es das Gesetz befiehlt …

Die deutsche Nation ist also ein Spannungsfeld geblieben, stets zwischen zwei Polen hin- und hergerissen.

Mit Goethe: „Himmelhoch jauchzend, zu Tode betrübt." Zwischen Rausch und Katzenjammer. Eine Stimmungsnation. Eine der Nachtgedanken mit Heinrich Heine: „Denk ich an Deutschland in der Nacht, dann bin ich um den Schlaf gebracht."

Aber auch ein Volk der Dichter und Denker, der Musiker, auch von anderen so gesehen und von Heinrich Heine in „Deutschland, ein Wintermärchen" ironisiert, mit Liebe ironisiert:

„Franzosen und Russen gehört das Land,
Das Meer gehört den Briten,
Wir aber besitzen im Luftreich des Traums
Die Herrschaft unbestritten.
Hier üben wir die Hegemonie
Hier sind wir unzerstückelt ..."

Doch zu diesen Selbstzweifeln gibt es auch den Gegenpol der Selbstüberhebung, wie sie das wilhelminische Deutschland in Berlin - und nicht nur dort - zum Ausdruck gebracht hat, jenen Text von Emanuel Geibel noch übersteigernd: „Und es mag am deutschen Wesen einmal noch die Welt genesen."

Oder Bismarcks Selbstbewußtsein: „Wir Deutschen fürchten Gott, aber sonst nichts in der Welt." (Im Deutschen Reichstag am 6. Februar 1888).

Hätten wir nur Gott gefürchtet, wäre uns die Übersteigerung dieses Satzes durch Hitler erspart geblieben. Ebenfalls die Folgen jenes gefährlichen Satzes von Bismarck, des eisernen Kanzlers, am 14. März 1885 im Reichstag zu Berlin: „Es ist doch fast in jedem Jahrhundert einmal ein großer deutscher Krieg gewesen, der die deutsche Normaluhr richtig gestellt hat für hundert Jahre.“

Wie geht jetzt die deutsche Normaluhr?

In den Bonner Jahren der Bundesrepublik ging sie normal. Das wird hoffentlich in Berlin bleiben.

Spannungen wie die mit Berlin und Bonn können auch fruchtbar sein. Deutschland ist in seiner Geschichte von vielen Zentren geprägt worden, von vielen Haupt- und Residenzstädten her. Seine größte Katastrophe erlebte es mit Hitlers Diktatur, einer total zentralistischen Diktatur von Berlin aus. Sie ist nicht Berlin anzulasten, sondern allen Deutschen, die damals verantwortlich waren oder mitgelaufen sind, aber auch den Nachbarn, die Hitler unterschätzten, oder die wie Stalin zuerst mit ihm paktierten - der Teufel mit Beelzebub.

Wir sind jedoch nicht nur ein Volk, das in ständiger Spannung lebt, in Gegenpolen, wie sie sich auch im Streit um Berlin und Bonn gezeigt haben. Ein schwieriges Volk. Manchmal haben wir auch schwierige Nachbarn und Freunde. Gerade in Frankreich wird zunehmend mißtrauisch gefragt, was wir wollen, was mit den wolkigen Reden gemeint ist, daß ein größeres Deutschland eine größere Verantwortung zu tragen hat. Wir müssen behutsam bleiben, keine Großmachtstellung beanspruchen und unsere Vorschläge geduldig erläutern. Deutsch als EG-Sprache neben den anderen dürfte eigentlich niemanden aufregen. Ebensowenig die Erhaltung der D-Mark. Der Zahl des Volkes entsprechend eine größere Zahl von Abgeordneten auch nicht. Aber wir müssen wissen, in welcher Welt wir leben, was unsere Geschichte ist und daß der Weg von einem Freundschaftsvertrag der Staatsmänner zur Freundschaft oder zumindest zur guten Nachbarschaft zwischen Völkern weit ist.

Europa hat eine Grundspannung bisher nicht gelöst, angelegt in Herders Idee vom Volk, wie sie sich im Selbstbestimmungsrecht der Völker niederschlägt und wie sie von Anfang an in Deutschland verwurzelt ist. Wer zum „diot", zum Volk, gehört, ist diodesk, ist deutsch. Dem steht der französische Etatismus entgegen, der Staat als die Nation in einem Staat als Willensgemeinschaft der Volonté générale.

Diese Grundspannung hat mit dem neuen Nationalismus zu tun. Die Geschichte wiederholt sich zwar nicht wörtlich, aber manchmal muß man in unseren Tagen an den altösterreichischen Dichter Grillparzer denken und seine Warnung, daß der Weg der neueren Bildung von der Humanität (auf unser Spannungsfeld übertragen gleich Selbstbestimmungsrecht) über die Nationalität (Nationalismus) zur Bestialität führe. Und das war tatsächlich der Weg von der Auflösung des alten Österreich bis zu Hitlers Reich. Soeben wieder auf dem Balkan.

Die Gegenkraft in Europa, der Gegenpol, können der europäische Föderalismus und Regionalismus sein. Überall bildet sich ein neues Regionalbewußtsein in alten Zusammenhängen heraus. Es ist für den Osten Deutschlands genauso wichtig wie für uns am Rhein. Aber nicht nur Bonn und Berlin stehen am Anfang neuer regionaler Entwicklungen. Manchmal beginnt der junge Regionalismus in alten Zusammenhängen bescheiden, so mit der Euregio Egrensis, der Region rund um Eger (Tschechisch: Cheb). Man wählte die lateinische Sprache als das beiden Völkern gleich wichtige europäische Bindeglied und begann mit einer gemeinsamen Werbung in einem bescheiden aufgemachten Faltblatt für jene Euregio Egrensis als Museumsland.

Wenn Europa wirklich werden soll, wird es ein föderalistisches Europa der Regionen sein, in dem die Vaterländer sich nicht auflösen.

Auch deshalb wären wir gut beraten, wenn wir uns nicht auf Berlin allein verließen oder auf die vom Regierenden Bürgermeister Diepgen hartnäckig verstärkte Sogwirkung Berlins einließen, sondern mit einem föderalistischen und polyzentrischen Deutschland erstens unser Erfolgsgeheimnis bewahrten und zweitens für unsere Nachbarn erträglicher erschienen und uns dabei Bonns als der Bundesstadt, der Stadt des Föderalismus, weiterhin bedienten.

Kein Reichstag mehr

Nun ist Klaus Töpfer auch für den Reichstag verantwortlich. In erster Linie für dessen Umbau zum Sitz des Bundestages, nicht für das Reden vom Reichstag. Wie halten wir es mit dem Reichstag in der Bundesrepublik?

Ein Kaiser schenkte „Dem Deutschen Volke" ein Parlamentsgebäude. Das war vor hundert Jahren eine Geste von oben herab. Seither ist dieses Werk des Architekten Wallot auch ein Symbol für Glanz und Elend der Demokratie in Deutschland. Der wilhelminische Reichstag konnte weder den Kanzler wählen noch die Außenpolitik mitbestimmen, aber er entwickelte aus der Kraft seiner leidenschaftlichen Politiker Eigengewicht. So war es kein geschichtlicher Zufall, daß Scheidemann von hier aus am 9.November 1918 die Republik ausrief. In seiner Blütezeit, in der Weimarer Republik, übte der Reichstag selbstbewußt die „Herrschaft der 500" aus. Der Reichstagsbrand von 1933 war die Totenfackel der Demokratie und der Anfang vom Ende des Reiches. Es begann eine Leidensgeschichte vieler Abgeordneter: „Hohes Haus in Henkers Hand". 403 Abgeordnete wurden in der Hitlerzeit verhaftet. Ums Leben kamen 186. Zur Emigration gezwungen wurden 113. Eine Passionsgeschichte des Parlamentarismus.

Die Rote Armee bewahrte das Bild vom Hissen ihrer Flagge 1945 auf der Ruine als besonderes Siegeszeichen. 1971 wurde das Gebäude nach zehnjähriger Bauzeit in den Dienst des Bundestages genommen. Das war Anschauungsunterricht unmittelbar an der Mauer, die bis zum Herbst 1989 nicht nur Berlin trennte. Mit dem Umbau, der einem

Neubau gleichkommt, neigt sich auch dieser geschichtliche Abschnitt dem Ende zu.

Nach der Verhüllung durch den Verpackungskünstler Christo soll ein Bundeshaus in Berlin herauskommen. Aber schon jetzt wird dieser Begriff nicht so selbstverständlich wie in Bonn gebraucht, trotz aller Mahnungen, selbst auch von Richard von Weizsäcker und Roman Herzog, mit dem Parlament nach Berlin nicht in eine andere Republik umzuziehen. Am Anfang stehen die richtigen oder die falschen Worte.

„Trittbrettfahrer auf der Zuschauertribüne“

Den Deutschen ist es noch nie leicht gefallen, angemessen über den politischen Stand der deutschen Dinge zu denken und darüber zu sprechen und zu schreiben. Seit Walther von der Vogelweide. Das gehört zu den feststehenden Redewendungen, den „Topoi“, eines „schwierigen Vaterlandes“.

Nun haben wir zwei neue Sinngeber auf dieser Bühne zu begrüßen: Bundespräsident Roman Herzog und Außenminister Klaus Kinkel. Beide, erst in der Zeit nach der Vereinigung der beiden deutschen Staaten politisch „groß“ geworden, sehen die Zeit vor ihrer Zeit in der kleineren Bundesrepublik entsprechend klein, aber falsch. Roman Herzog sagte es so: „Das Ende des Trittbrettfahrens ist erreicht.“ Und Klaus Kinkel: „Wir müssen herunter von der Zuschauertribüne.“

Die Bundesrepublik Deutschland, die damals keine Bonner Republik war und künftig keine Berliner Republik sein darf, war von der Nachkriegszeit bis heute weder das eine noch das andere. Allein die Namen Adenauer, Erhard, Brandt, Helmut Schmidt und Helmut Kohl, Richard von Weizsäcker, Walter Scheel und Hans-Dietrich Genscher, die Integration der deutschen Heimatvertriebenen und der vielen ausländischen Zuwanderer, die Ost-West- und die Nord-Süd-Politik dieses Staates, seine militärische Bedrohung und Last an der Front des Kalten Krieges stehen gegen solche schiefen Bilder. Die Politik der Bundesrepublik wurde weder von „Trittbrettfahrern“, noch auf der „Zuschauertribüne“ gestaltet und verantwortet.

Manche, die so sprechen, denken manchmal schon über das „größere Deutschland mit der größeren Verantwortung“ (Kinkel) hinaus und meinen Großmacht, ohne es so offen zu sagen wie einmal der Berliner „Tagesspiegel“ in einem Artikel über „Poker um Hauptstadtgrundstücke“: „Alle Staaten wollen an attraktiver Adresse in der Metropole der Großmacht Deutschland bauen“. Das allerdings sind Trittbrettfahrer und Zuschauer eines anderen Zeitgeistes.

II. Amtsdeutsch

Gesetz und Verordnung

Kann die Sprache der Gesetzgebung wieder werden, was sie einmal war oder wie sie - vielleicht - war? Denn am Anfang war sie wie die Gesetzestafeln, wie die Bibel, wie Solons Gesetz, wie der Sachsen- oder Schwabenspiegel: bildhaft und kräftig. Es waren Sätze nach dem Muster: Du darfst. Du sollst. Hammurabi ließ etwa 2000 vor Christus im Stromland an Euphrat und Tigris 300 Gesetze auf einem zweieinhalb Meter hohen Basaltblock einmeißeln. Es gab aber auch schon früher nicht nur die Faszination durch Gesetz, sondern ein „Leiden am Gesetz“: „613 Gebote und Verbote haben die Weisen Israels zusammengestellt. Sie haben die Welt in Gesetz und Brauch aufgegliedert. Das ist ihre Stärke und ihre Schwäche. Nichts im Leben des Juden und des jüdischen Volkes steht außerhalb des Gesetzes. Jede nur denkbar mögliche Situation wird vom Gesetz erfaßt und geregelt.“ (Schalom Ben-Chorin: Paulus). So beschreibt ein Jude das Ärgernis des Juden Paulus am Gesetz, wobei die 613 Gebote und Verbote Israels wenig sind im Vergleich zu den heutigen Zahlen.

Den modernen Menschen geht es oft wie dem Mann vom Lande in Franz Kafkas Gleichnis „Vor dem Gesetz“:

> „Vor dem Gesetz steht ein Türhüter. Zu diesem Türhüter kommt ein Mann vom Lande und bittet um Eintritt in das Gesetz. Aber der Türhüter sagt, daß er ihm jetzt den Eintritt nicht gewähren könne.“

Dies ist nicht das einzige Hindernis. Der Türhüter zum Mann vom Lande:

> „Wenn es Dich so lockt, versuche es doch, trotz meines Verbotes hineinzugehen. Merke aber: Ich bin mächtig. Und

ich bin nur der unterste Türhüter. Von Saal zu Saal stehen aber Türhüter, einer mächtiger als der andere. Schon den Anblick des Dritten kann nicht einmal ich mehr ertragen."

Die heutigen Gesetze bedeuten weniger eine religiöse Bürde - ihre Belastung entsteht durch ihre „Türhüter", die den Zugang zum Verstehen verhindern - ihre Sprache. Deshalb klagen nicht nur die Gesetzgeber über die Gesetze, über ihre Zahl, aber nicht zuletzt über die Fremdheit, Abstraktion und Umständlichkeit ihrer Sprache, so daß man sie oft nur mit Juristen als Dolmetschern verstehen könne, aber auch diese Dolmetscher weitere Gelehrte hinzuziehen müssen. Dies gilt besonders für die im Alltag wichtigen Verordnungen, nicht zuletzt für die aus der Europäischen Gemeinschaft immer mehr in die Alltagssprache der Verwaltungen eingehenden Bestimmungen. Die „Eurokraten" haben es manchmal noch schwerer mit der Sprache als die deutschen Bürokraten.

Die Drucksachen des Bundestages und des Bundesrates sind Fundstellen für ein Amtsdeutsch, das sich mit ordentlicher Genauigkeit um Kopf und Kragen redet, das Stoff für die Sprache des absurden Theaters oder für kafkaeske Träume hergibt. Erfreulich ist, daß Politiker hellhörig geworden sind, daß schon manche Landesregierung gegen jene Nonsens-Sprache opponiert hat. Und der Bundesrat hatte schon in einer Schrift zu seinem dreißigjähren Bestehen eine Blütenlese dieser „Bonn-Mots und Brüsseler Spitzen" (sprachliche „Meisterleistungen" der Vorschriftenschmiede) herausgebracht.

Wer zum Beispiel nicht weiß, was Zigarren und Zigarillos sind, kann dies der Drucksache 229/79, dem Entwurf der Bundesregierung für ein Tabaksteuergesetz, entnehmen:

„Zigarren oder Zigarillos (Zigarren mit einem Stückgewicht von höchstens drei Gramm) sind als solche zum Rauchen geeignet, mit einem Deckblatt oder mit einem Deckblatt und einem Umblatt umhüllte Tabakstränge: 1. ganz aus natürlichem Tabak oder 2. mit einem Deckblatt und einem Umblatt, beide aus homogenisiertem oder rekonstruiertem Tabak der Tarifstelle 24.02 E des gemeinsamen Zolltarifs, wenn mindestens 60 vom Hundert des Gewichts der Tabakanteile länger und breiter als 1,75 Zentimeter sind und das Deckblatt schraubenförmig mit einem spitzen Winkel zur Längsachse des Tabakstrangs von mindestens 30 Grad ausgelegt ist ..."

Da klingt die Definition für Zigaretten und Schnupftabak beinahe wie von vernünftigen Menschen formuliert:

„Zigaretten sind als solche zum Rauchen geeignete umhüllte Tabakstränge, die keine Zigarren oder Zigarillos nach Absatz 1 sind."

„Schnupftabak ist gepulverter oder gekörnter Tabak, der so zubereitet ist, daß er sich nicht zum Rauchen, sondern zum Schnupfen eignet."

Im Grunde meinen es die Bürokraten mit den Bürgern gut, sie wollen ihnen das Leben erleichtern, den Land- und Forstwirten zum Beispiel den Umgang mit Zugmaschinen. Dies wurde als komplizierte Bundesratsdrucksache (14/79) vom Rat der Europäischen Gemeinschaft in Brüssel als „Richtlinie" auf den Tisch des Hauses gelegt, eigens mit Zeichnungen versehen:

„Als land- und forstwirtschaftliche Zugmaschinen gelten alle Kraftfahrzeuge auf Rädern oder Raupenketten mit wenigstens zwei Achsen, deren Funktion im wesentlichen in der Zugleistung besteht und die besonders zum Ziehen, Schieben, Tragen oder zur Betätigung bestimmter Geräte, Maschinen oder Anhänger eingerichtet sind, die zur Verwendung in land- und forstwirtschaftlichen Betrieben bestimmt sind. Sie können zum Transport einer Last und von Beifahrern ausgelegt sein."

Damit nicht genug. Man geht in die Details, etwa im „Betätigungsraum" des Fahrers. Dieser Raum müsse „mindestens 900 Millimeter hoch sein. Diese Höhe wird nach dem in Anlage 1 beschriebenen Verfahren bestimmt ..." Die amtliche Bestimmung des Sitzbezugspunktes (S), also des Punktes, über den sich der Fahrer seiner Zugmaschine sicher noch nie Gedanken gemacht hat, lautet so:

„Der Sitzbezugspunkt ist der auf der Längsmittelebene des Sitzes gelegene Schnittpunkt zwischen der tangential zum unteren Teil der gepolsterten Rückenlehne verlaufenden Ebene und einer horizontalen Ebene. Diese horizontale Ebene schneidet die untere Fläche der Sitzplatte des Sitzes 150 Millimeter vor dem Sitzbezugspunkt (S)."

Wer es noch nicht weiß, kann in der Drucksache 20/79, die auch aus Brüssel stammt, erfahren, was er tut, wenn er seinen Rasen mäht:

„Rasenmähen im Sinne dieser Richtlinie ist jede motorbetriebene Verrichtung, die speziell für die Wartung von grasbewachsenen Flächen für Freizeit-, Dekorations- oder Haushaltszwecke durch Schneiden - ungeachtet des Schneidemechanismus - bestimmt ist."

Aus solcher Formulierungskunst ist zu schließen, daß man eine Empfehlung des Wirtschaftsausschusses im Bundesrat (295/278) für den Durchschnitts-Zöllner auch auf alle anderen Leser solcher Schriftsätze ausdehnen könnte. Es lassen sich eben solche Erklärungen und Unterscheidungen „nicht ohne weiteres als solche und der Art nach erkennen".

Über die Zöllner ist zu lesen:

> „Der durchschnittlich ausgebildete Zöllner kann die Häute von Schnabelechsen, Sauriern und Schlangen sowie die Erzeugnisse aus Teilen von Krokodillederhäuten nach dem Urteil von Sachverständigen nicht ohne weiteres als solche und der Art nach erkennen."

Damit er es vermag, hat man ihm eine „Allgemeine Verwaltungsvorschrift zum Gesetz zum Washingtoner Artenschutzübereinkommen" (Drucksache 295/78) gegeben. Darin heißt es:

> „Teile und Erzeugnisse von Tieren und Pflanzen, die als Arten in Anhang 1 aufgeführt sind und als Anhang-1-Exemplar nicht ohne weiteres erkennbar sind, werden wie Anhang-II-Exemplare behandelt, wenn alle Arten des höheren Taxon im Anhang II genannt sind und die Teile und Erzeugnisse als Exemplare des höheren Taxon ohne weiteres erkennbar sind."

Auch diese Texte sind als solche und der Art nach ohne weiteres erkennbar ...

„Paßt!" - „Paßt!" dieser traditionelle Ruf beim „Verpassen" (nicht Anpassen) von Schuhwerk sollte bei den Soldaten verstummen. Denn die Bundeswehr bekam schon vor der Wiedervereinigung ein neues Größen- und Weitensystem für Schuhwerk. Dazu gab es einen Erlaß des Verteidigungsministers über ein Standardisierungsabkommen der NATO (Stanag) und einen Aufsatz in der „Bundeswehrverwaltung". Denn Beamte wären nicht Beamte, wenn sie nicht auch dieses ernsthafte Thema in ihrer Sprache behandelten. So hieß es: „Die Auswirkungen des neuen Größensystems auf den Bekleidungs- und Schuhsektor der BW (Bundeswehr) sowohl in technischer als auch in verwaltungsmäßiger Hinsicht sind erheblich." Bisher wurden die Schuhe bei den Soldaten anprobiert, wie im zivilen Leben im Schuhgeschäft. Nach dem NATO-Abkommen aber werden nun die Füße der Soldaten mit der Hilfe eines Fußgerätes in Millimeter gemessen. Doch damit nicht genug:

> „Um die unterschiedlichen anatomischen Gegebenheiten der Fußlänge im Verhältnis zum Ballenumfang zu berücksichtigen, hat die BW drei Weitenabstufungen zugrunde gelegt ... die Messung der Länge und Weite muß an beiden Füßen vorgenommen werden. Dabei ist es wichtig, daß der zu Messende geeignete Strümpfe (Wollsocken) trägt und bei der Messung mit beiden Füßen gleichmäßig aufsteht ... da die Fußmaße infolge Veränderungen des Fußvolumens im Laufe des Tages nachmittags am größten sind, sollten die Fußmessungen möglichst zu diesem Zeitpunkt vorgenommen werden!"

Ein gewöhnlicher Bekleidungs-Unteroffizier genügte nun auf der Kammer nicht mehr. Der Fachaufsatz der Bundeswehrverwaltung rief nach Fachpersonal. „Die einmal gemessenen Daten gelten sowohl für die Kampfschuhe als auch für das übrige Schuhwerk der Soldaten." Zum Schluß blickt unser schreibender Beamter zuversichtlich in die Zukunft, auf den Segen für die Schuhindustrie - und Zuckmayers Schuster Voigt hätte im kaiserlichen Deutschland vergleichbar schreiben können: „Von der richtungsweisenden Entscheidung der NATO erhofft sich die Schuhindustrie neue Impulse für ihr Anliegen, den Vorteilen des neuen Systems auf dem zivilen Schuhsektor im nationalen und internationalen Rahmen Geltung zu verschaffen.“ Denn im Felde ist diese Schuhordnung was wert, dort soll es nicht mehr die Konkurrenz von Knobelbecher und Schnürschuh bei verbündeten Armeen geben:

„Für das Bündnissystem der NATO ist die Stanag insbesondere in einem Mobfall (Mobilisierung) von erheblicher Bedeutung, da es durch die Abschaffung und Vereinheitlichung der bisher unterschiedlichen Größensysteme die Austauschbarkeit von Schuhwerk innerhalb der NATO-Partner sicherstellt.“

Selbst die letzten Dinge eines Bediensteten der Bundesrepublik Deutschland sind ordentlich geregelt:

„Die Kosten für die Kranzspende müssen sich unter Berücksichtigung der örtlichen Verhältnisse in angemessenen Grenzen halten. Für einen Kranz mit Schleife dürfen einschließlich der Nebenkosten in den Monaten Mai bis Oktober bis zu 100 DM, in den anderen Monaten bis zu 120 DM aufgewendet werden. Im Ausland werden die Höchstsätze um den Kaufkraftausgleich verändert; reichen diese Sätze nicht aus, so können sie in dem nötigen Ausmaß überschritten werden; die Notwendigkeit bei der Überschreitung ist eingehend zu begründen. Bei Anwendung des Satzes zwei sind die jahreszeitlichen Verhältnisse des ausländischen Dienstortes zu berücksichtigen.“

Allerdings bleibt, wie das im „Gemeinsamen Ministerialblatt“, herausgegeben vom Bundesminister des Innern, nachzulesen war, ein Nachruf in der Zeitung des Verblichenen ziemlich mager. Der Verstorbene soll in einer am Dienst- oder Wohnort verbreiteten Tageszeitung geehrt werden -

„in der Regel in derjenigen Zeitung, die der Verstorbene selbst gehalten hat oder die vom Hinterbliebenen bezeichnet wird. Der Nachruf soll sich auf ein kurzes Wort des Gedenkens und der Verbundenheit beschränken; das Format soll nicht größer als 96 x 80 mm sein." In überregionalen Zeitungen oder im allgemeinen Pressemitteilungen soll eine Todesnachricht nur über Leiter und deren Vertreter, über Abteilungsleiter der obersten Dienstbehörden, über die Leiter großer nachgeordneter Behörden, über die Mitglieder des Bundesverfassungsgerichts sowie die Präsidenten, Vizepräsidenten und Senatspräsidenten der obersten Bundesgerichte und die Präsidenten der Bundesgerichte verbreitet werden. Im Tod sind keineswegs alle gleich. Wer im Ruhestand lebte, dem wird in der Regel dienstlich nichts mehr nachgerufen; es sei denn, die für diesen Toten zuständige oberste Bundesbehörde bewilligt eine Ausnahme.

Solche Beispiele ließen sich mehren. Kabarettisten können solche Texte nicht treffender imitieren, als sie formuliert worden sind.

Immer wieder lehnten Landesregierungen einzelne Gesetze und Verordnungen „nur" aus sprachlichen Gründen ab. Der damalige rheinland-pfälzische Ministerpräsident Bernhard Vogel beispielsweise gelobte, er werde in seinem Land kein Gesetz unterschreiben, das er nicht selbst verstehe. Man weiß nicht, ob er heute in Thüringen noch die Probe auf dieses Exempel machen könnte.

Aber auch im Bundestag klagten die Gesetzgeber über die Gesetzes- und verordnungssprache, waren sich Schmidt und Strauß, Wehner und Kleinert einig. So rief einmal der CDU-Abgeordnete Peter von der Heydt bei einer Debatte über die Bagatellsteuern aus: „6000 Wörter teils unsinniger

Gesetzestext." Er verlangte die „Beseitigung von über 23.000 Wörtern in Durchführungsverordnungen und über 22.000 Wörtern an teils kuriosen, teils grotesken Arbeitsanweisungen". Denn die Texte zur Regelung der Bagatellsteuern galten nicht nur für das Eintreiben von Geld, sie definierten auch die Gegenstände des Gesetzes, wobei den Zöllnern zugemutet wurde, mit einer „Kochprobe" in einer zweiprozentigen Natronlauge festzustellen, aus wievielen Papierlagen die einzelnen Karten zusammengesetzt waren, denn davon hing es ab, ob die Spielkartensteuer 30 oder 50 Pfennig für ein Spiel betrug.

Helmut Schmidt rügte sogar in einer Regierungserklärung am 16. Dezember 1976 die Unverständlichkeit der öffentlichen Verwaltungssprache, nicht nur der des Staates, sondern auch im Wirtschaftsleben oder bei Mietabrechnungen. Es gebe Abrechnungen und Darlegungen, die auch er ohne die Hilfe eines Fachmannes nicht verstehen könne. „Dies ist unwürdig. Das gilt für Strom- und Gasrechnungen ganz genauso wie für Mietabrechnungen." Damals lachte die damalige Opposition.

Anschaulich schilderte der Abgeordnete Detlef Kleinert, wie in der Sucht der modernen Verordnungsgebung, jedes Detail zu regeln, die Texte der Gesetze und Verordnungen aufgebläht werden.

„Die Hackfleischverordnung ... bestand seit ungefähr achtzig Jahren aus etwa fünf Druckzeilen. Seit etwa acht Jahren ... umfaßt sie vierzig Seiten. Mir ist kein Fall bekanntgeworden, daß die kaiserliche Verordnung betreffend Hackfleisch zu irgendwelchen Vergiftungsfällen geführt hatte ... Jetzt umfaßt diese Verordnung vierzig Seiten. Daß ein Schlachtermeister selbst bei überdurchschnittlichem juristische Interesse dies nicht liest, liegt auf der Hand."

Der SPD-Fraktionsvorsitzende Wehner rief an dieser Stelle dazwischen: „Das ist auch gut so, denn sonst wird er auch noch verrückt!"

Bildhaft und damit im Kontrast zur gegenwärtigen Sprache der Gesetzgebung hatte der CSU-Vorsitzende Strauß im Bundestag einmal den Verdruß an dieser Gesetzessprache ausgedrückt:

„Die schöne Zeit, wo die Sprache des Rechts die Sprache der Poesie und des Humors war, ist vorbei. Ich habe zum Beispiel nachgelesen: 'Augen auf, Kauf ist Kauf.' So heißt es im altdeutschen Recht. 'Wer närrisch kauft, muß weislich zahlen' Jetzt heißt das: 'Keine Sachmangelhaftung' 'Einem geschenkten Gaul schaut man nicht ins Maul', heißt heute: 'Keine Mängelhaftung des Schenkers.' 'Hand wider Hand' heißt in der Gesetzessprache: 'Wer einem anderen eine Sache anvertraut, kann sie nur von diesem und nicht von einem anderen Dritten zurückfordern, wenn sie der Vertrauensmann veruntreut hat.'"

Diese Verarmung rührt auch daher, daß die die Gesetze und Verordnungen formulierenden Vorarbeiter des Gesetzgebers zu willig den politischen Moden folgen, die in einer sonst eher auf Beharrung ausgerichteten Sprachwelt mit der Änderung der Begriffe das „Bewußtsein" der Menschen und damit, „die Gesellschaft" verändern wollen. Damit kamen häßliche Worte, Kunstworte, in diese Sprache, wurde aus Lehrling der „Auszubildende". Der Volksmund rächte sich, in dem er in der für die öffentliche Sprache charakteristischen Lust an Abkürzungen daraus „Azubi" machte. Plastische Worte wie „Schlüsselgewalt" drohen zu verschwinden. Der Gelehrte Paul Mikat hat einmal dazu gesagt:

> „Wenigen Begriffen des deutschen Privatrechts eignet eine so große Anschaulichkeit und Plastizität wie dem Begriff Schlüsselgewalt ..., der als juristischer Begriff verwandt wird, wiewohl ihn das Gesetz nicht kennt. So lebt in diesem Begriff der alte Rechtsbrauch fort, der Frau mit der Eheschließung die Schlüssel des Hauses zu übertragen; die Übergabe der Schlüssel an die Ehefrau war ein Zeichen dafür, daß ihr fortan die Führung des Hauses und des Haushalts anvertraut war."

Von Amts wegen kannte Christa Joisten gut diese Schwierigkeiten mit der Gesetzessprache. Sie war von der „Gesellschaft für deutsche Sprache" (Wiesbaden) in den Bundestag delegiert, um dort gemäß der „gemeinsamen Geschäftsordnung" der Bundesregierung Gesetzestexte abzuklopfen und zu redigieren. Sie wußte, daß über diese Sprache leichter zu klagen und anschaulicher zu reden ist, als sie zu verbessern ist. Zur Bundestagsrede von Strauß über den Verfall der Gesetzessprache im Vergleich zum altdeutschen Recht schrieb sie in einem Aufsatz des von der Deutschen Akademie für Sprache und Dichtung herausgegebenen Werkes „Der öffentliche Sprachgebrauch" (Band 2, erschienen bei Klett in Stuttgart): „Kein Zweifel, daß die Zitate aus dem germanischen Recht plastischer sind als ihre heutige Umschreibung. Kein Zweifel aber auch, daß sich die Zeiten geändert haben. Das germanische Recht erschöpft sich in dem, was wir heute einen Bußkatalog nennen ...". Frau Joisten erinnerte daran, daß Sprachkritik am Gesetzgeber schon früh laut geworden sei, vor allem wegen der Barriere, die die lateinischen Fachwörter und juristischen Floskeln zwischen dem Recht und der Rechtsgemeinschaft errichteten: Man vergleiche: „Über den Kanzleystil und wie derselbe zu verbessern“ (Frankfurt und Leipzig 1780). Die „Fingerzeige für die Gesetzes- und Amtssprache“ ihrer Gesellschaft seien damit vorweggenommen worden. Alphabetisch habe man unverständliche Wörter aufgespießt. Ironisch statt: „Defunktus“ der „Verstorbene“ zu sagen, das klinge ja nach nichts, „denn das verstünde ja jeder Bauer“.

Dennoch - trotz aller Mühsal - äußerte Christa Joisten Verständnis für diese Texte: „Der Weg des alten germanischen Rechts über die Rezeption des römischen Rechts bis zum heutigen Stand der Gesetzestechnik ist durch fortschreitende Abstraktion, Spezialisierung und Detaillierung gekennzeichnet. Es war ein notwendiger Weg ...“ Sprachliche Abstraktion sei eine unabdingbare Voraussetzung für eine moderne Normgebung, die für alle und für einen längeren Zeitraum zu gelten habe. „Die Sprache der Gesetze ist also konservierend, beharrend, bewahrend, unflexibel und muß es sein.“

Aber ob sie so sein muß, wie sie ist und wie sie zu oft gedankenlos formuliert wird, dafür brachte gerade Joistens Arbeit genügend Gegenbeispiele. Sie erkannte an, daß wegen der notwendigen genauen Definition die Hauptwörter (Substantive) sich am besten eignen, der Nominalstil der präziseste sei. Der Normgeber solle hinter der Norm zurückstehen, deshalb sei öfter als in der Umgangssprache „die unpersönliche Passivkonstruktion die angebrachtere“. Hinzu komme, daß man sich um so allgemeiner und allgemeinverständlicher ausdrücken könne, je allgemeiner man die Normen setze: „Du sollst nicht töten.“ Wenn man dieses Gesetz um der größeren Gerechtigkeit willen aufteilt in Mord, Totschlag, minderschweren Totschlag, Töten auf Verlangen, Völkermord ..., dann braucht man dazu 26 Paragraphen.

Der Gesetzgeber schreibt zu oft in diesem Stil: „Für den Patentanwalt wird im Falle des Bedürfnisses von dem Präsidenten ein Vertreter bestellt“, statt „Der Präsident bestellt, wenn nötig, einen Vertreter für den Patentanwalt.“ Weniger Substantive („im Falle des Bedürfnisses“), mehr aktive und passive Verben (der Präsident bestellt, statt es wird bestellt) wären plastischer. Ein weiterer Punkt bei der Suche nach verständlicheren Gesetzestexten ist eine Schlankheitskur der Sätze. Der Gesetzgeber: „... da dem Gesichtspunkt der Wasserersparnis Rechnung getragen werden soll“, statt kürzer und besser: „Da Wasser gespart werden soll“. Verbesserungen waren also möglich.

Große Zeitungen, wie die „Frankfurter Allgemeine“ und „Die Welt“ lassen von Zeit zu Zeit bei ihren Redakteuren und Korrespondeten Listen zirkulieren, auf denen sie abgegriffene oder zu modisch-gedankenlose Wortwahl an den Pranger stellen, wodurch sie den Sinn für ein bewußteres Schreiben wecken wollen. Zwar werden solche „Index“-Verzeichnisse nie von allen in allen Fällen angenommen, aber der Schreiber wird hellhöriger. Dies sollte auch für die Gesetzgeber gelten. Nützlich wäre noch immer und leider immer wieder die Lektüre des 1957 von Sternberger, Storz und Süskind herausgegebenen Werkes: „Aus dem Wörterbuch des Unmenschen“.

Die Erniedrigung des Menschen zur Sache spiegelt sich in der Sprache der totalen Diktatur Hitlers wider. Mancher, der heute im Zusammenhang mit Menschen gedankenlos

Verben mit der Vorsilbe „be“- gebraucht, sollte überlegen, ob er nicht Ausdrücke findet, die die Menschen weniger zum Objekt degradieren. Menschen sollten möglichst nicht „be-treut“ werden. Auch das in der Gesetzessprache übliche Wort „durchführen“ wird oft gedankenlos niedergeschrieben, ohne daß die Erinnerung an den Mißbrauch der NS-Zeit in Kombinationen wie „des Führers Wille ist durchzuführen“ wach würde.

Die Sprache der Gesetze wird in der Bundesrepublik vor allem von der ausführenden, der exekutiven Gewalt geprägt. Die meisten Entwürfe stammen aus der Bundesregierung, eine geringere Zahl kommt aus dem Bundestag und vom Bundesrat. Alle halten sich bei der Abfassung der Entwürfe an die Bestimmungen der gemeinsamen Geschäftsordnung (GGO) der Bundesregierung. Dieses Schema prägt und erzeugt Sprache, beispielsweise durch die Festlegung der Eingangsformel oder durch seine möglichst „unmißverständliche Kurzbezeichnung (z.B. Wohnungseigentumsgesetz, Zerlegungsgesetz, Soldatengesetz)“. Niemand kann an diesen Formeln etwa redigieren. Beispielsweise: „Der Bundestag hat mit Zustimmung des Bundesrates folgendes Gesetz beschlossen“, ebensowenig an den Formeln des Inkrafttretens: „Dieses Gesetz tritt am Tag nach der Verkündung in Kraft“. Ebenso steht fest, daß die „Gleichheit der äußeren Form“ zu gewähren ist, daß vor jedem Gesetzentwurf folgende Gliederung stehen muß:

„A. Zielsetzung.
B. Lösung
C. Alternativen
D. Kosten.“

Viel zu oft steht in diesen Entwürfen die stereotype Antwort auf eine geistige Herausforderung des Gesetzgebers und seiner Gehilfen: Alternative: - keine. Kosten: - keine.

In Wirklichkeit wäre viel öfter und hartnäckiger zu prüfen, ob die Alternative zum Entwurf nicht der Verzicht auf ihn wäre und ob man nicht erst genau fragen müßte, wie es wirklich um seine Kosten bestellt ist. Daß diese festgelegten amtlichen Formeln in den Geschäftsordnungen der Exekutive zur Gedankenlosigkeit verleiten, kann ein Druckfehler in einer Drucksache für die 521. Sitzung des Bundesrates verdeutlichen. Dort war in einem Text zu lesen: Alternative: Kosten. Kosten: Alternative.

Lauschangriff

Was ist ein Lauschangriff? Jemand, der seit 1992 nicht in Deutschland gelebt hat, könnte vielleicht annehmen, dies sei ein Angriff besonderer Art, dem Sturmangriff verwandt. Ein Präsident des Bundeskriminalamtes (BKA) hatte dieses Wort gebraucht, um ein Instrument zur Abwehr schwerer Verbrechen zu beschreiben. Gleichzeitig paßte er sich dem Brauch vieler Politiker an, etwas möglicherweise Notwendiges nicht beim Namen zu nennen, sondern zu umschreiben. Beim „großen Lauschangriff" gegen Mafia und Mörder geht es um Belauschen, Abhören, den Einsatz elektronischer Technik, im Volksmund Wanzen genannt. Dabei wurde sogar zwischen dem kleinen und dem großen Lauschangriff unterschieden. Das BKA warnte vor dem kleinen Lauscher an der Wand. „Das würde bedeuten, daß technische Abhöreinrichtungen nur im Beisein eines verdeckten Ermittlers eingesetzt werden dürfen." BKA-Präsident Hans-Ludwig Zachert forderte deshalb „Waffengleichheit" mit den Gangstern. Aber warum beschrieb er diese Abwehr und die Verteidigung gegen Verbrecher nicht, wie sie wirklich ist? Fürchtete er das Sprichwort: „Der Lauscher an der Wand hört seine eigene Schand"? Seit 1992 ließ der große Lauschangriff die Politiker, vor allem die der FDP, nicht mehr los. Danach haben sie sich sprachlich sogar noch übertroffen und den „großen Lauschangriff" in das „Paket" der Koalitionsverhandlungen „geschnürt". Das wäre demnach der „eingepackte Lauschangriff".

Es (be)reicht

Deutsch stand früher für klipp und klar, heute aber auch für bürokratisch und umständlich. Man sagt und schreibt nicht mehr: Ich bin im Wald, sondern: Ich halte mich im Bereich des Waldes auf. Der Fußballer tritt seinen Gegner nicht in die Beine, sondern in den Bereich der Beine, und keiner weiß genau, wohin. Der Beamte arbeitet nicht für die oder bei der Leitung seines Hauses, sondern im Leitungsbereich. Gestern hörte ich durch Zufall in einem Radio-Sender von Bereichen, wo ich diese Bereiche nicht vermutet hätte. Zum Beispiel: Da wurden keine Kartoffeln verkauft, nein, es ging um die „Stärkung der Bemühungen im Agrarbereich zum Absatz im Kartoffelbereich".

Ein Journalist übt diese Kritik aus dem Glashaus heraus. Die Zeitungssprache übernimmt oft ähnlich gedankenlos bürokratische Blähungen. Meistens ist Bereich überflüssig, kann direkt gesagt werden, worum es wo geht. Also: Es (be)reicht mir. Oder als Faustregel: Bereich bereichert die deutsche Sprache selten oder nie.

MfG

Soviel Zeit müßte sein. Auch im Zeitalter des Aküfi, des Abkürzungsfimmels, ist ein Gruß ein Gruß. Ich fühle mich nicht gegrüßt, wenn mir jemand auf einem Fax, das ja im Gegensatz zum Telefongespräch den Vorteil der Verbindlichkeit eines Briefes hat, statt des freundlichen Schlußwortes nur noch den Aküfi „MfG“ angedeihen läßt. Soll ich nun „Mit freundlichen Grüßen“ oder „Mit fiesen Gedanken“ bedacht werden? In der MfG-Kürze liegt nicht die Würze.

Schlank

Nun hat der Zeitgeist auch die Bundesregierung erreicht. Ausgerechnet die eher mageren Parteimanager der Koalition des durch barocke Körpergestalt ausgezeichneten Regierungschefs Sumo Buddha Helmut Kohl, (um Clinton und Verheugens Vergleich zu zitieren), verkünden nach einem nächtlichen Gespräch, die neue Bundesregierung und ihre Arbeit werden „schlanker" sein müssen. Meinen sie damit das schon angekündigte Ende der Kanzlerschaft Kohls und seine Ablösung durch einen weniger gutgebauten Politiker? Oder ist diese „schlanke Regierung" nur die Folge des schlanken Managements, des aus dem Amerikanischen entlehnten „lean management"? Wobei „lean" laut Cassell's Dictionary nicht nur schlank, sondern auch mager und dürr und im übertragenen Sinne unfruchtbar heißen kann. Womit wir beim Kernproblem von „lean government" und „lean management" sind: Sie können zur geistigen Magersucht führen. Da in der Geschichte auf jeden Schlag ein Gegenschlag erfolgt, könnte die nun ausbrechende schlanke Herrschaft oder Herrschaft der Schlanken eines Tages durchaus zu einem Aufstand der Dicken führen, wie ihn Gabriel Laub in seinem köstlichen satirischen Roman „Aufstand der Dicken" vorweggenommen hat. Führer dieser neuen Partei könnte dann der Alt-Bundeskanzler Helmut Kohl sein, ausgestattet mit literarischem Winken von Gabriel Laub: „Der harmonische Dicke". Dann käme nach dem Zwischenspiel der Twiggy-Schlanken wieder die Herrschaft der „Leibesgenossen" im Bunde mit den „Körpergenossen". Und eine „Überparteiliche Politische Initiative der Gewichtigen" (ÜPPIG) mit einer neuen Regierungsmannschaft, die der schlanken Regierung von Hintze, Hoyer und Huber ein erfreuliches Gegenbild entgegensetzte: „Porträts der neuen Regierungsmannschaft lauter lächelnde runde Gesichter. Sie bevorzugen es, die Freuden des Lebens in Ruhe zu genießen. Genau das aber befähigt sie, diese Funktionen viel besser auszuüben als von Machthunger ausgezehrte Ehrgeizlinge und knochentrockene Bürokraten." Gabriel Laub hat recht. In seinem Sinn sind wir gegen eine schlanke Regierung, gegen eine lean-Regierung und für eine maßvolle Herrschaft der Dicken. Kurz und modern gesagt: Large government & large management!

Gespräch geführt

„Sprechenden Menschen ist zu helfen". Mit diesem Satz faßt der Volksmund treffend zusammen, wie wichtig die Sprache ist und was sie bewirkt. Vor allem, wenn zwei Menschen wirklich miteinander sprechen. Das ist etwas anderes, als wenn sie über andere reden, klatschen, herfallen. Davon unterscheiden sich jene Gespräche zwischen Diplomaten, Politikern, Beamten, Managern, über die hinterher „Gesprächsnotizen" gefertigt werden.

Die Sprache charakterisiert den Unterschied: Wenn zwei miteinander gesprochen haben, heißt es: „Ich habe mit dir gesprochen". Wenn aber der Diplomat und der Politiker sich getroffen haben, heißt es: „Sie haben ein Gespräch geführt." Das ist gespreizter, bedeutungsvoller. Unmittelbar ist stets das Verb: Sprechen, aufgeblasen die Zusammensetzung von Substantiv und Verb: Gespräch geführt. Leider sagen aber immer mehr Leute selbst dann: „Ich habe ein Gespräch geführt", wenn sie miteinander gesprochen haben. Vielleicht ist auch dies Ausdruck des Zeitgeistes.

Verantwortung übernommen

Es tönt immer wieder aus den Rundfunksendern, wird sogar geschrieben und gedruckt: Nach einem Verbrechen habe sich jemand zu einer Untat „bekannt“, der Polizei oder einer Redaktion liege ein „Bekennerschreiben“ vor, in dem die Täter die „Verantwortung übernehmen“.

Bekenner sind in der Geschichte und in der Kirchengeschichte viel zu bedeutende Persönlichkeiten, als daß man sie mit Verbrechern in einen sprachlichen Topf werfen dürfte. Richtig muß es also heißen: Nach dieser Tat haben sich bisher Unbekannte in einem Schreiben an die Polizei oder eine Redaktion „selbst bezichtigt“. Die Verantwortung können sie ohnehin nicht übernehmen. Ein Mörder handelt verantwortungslos.

Komm in den Park

Was wären deutsche Literatur, Lyrik und Romantik ohne Park? Stefan George schrieb: „Komm in den totgesagten Park und schau …“ Der Park ist der Ort von erster Liebe und Liebelei, der Kinderspiele, aber auch der besinnlichen Betrachtung des Alters. Das haben nun auch die Schönfärber unserer Sprache entdeckt, die etwas weniger Schönes gern verhüllen. Deshalb nennen diese Geisterschreiber des Euphemismus (verhüllendes Wort) unentwegt Gebiete, die früher ehrlich und klar Industriegebiete hießen, „Park“. „Komm in den Park …“

Vielleicht aber verbirgt sich dahinter auch ein gutes Ergebnis der jüngeren städtebaulichen Entwicklung, Wohnen und Arbeiten wieder zusammenzuführen und Industriebauten ansehnlich zu gestalten. Dann wäre der Industrie- und Wohnpark mehr als ein beschönigendes Wort.

Minder

Es geschieht zu oft, daß nach einem Unglück oder einer Katastrophe unwahrhaftig geredet wird. Die Sowjets hatten den größten aller denkbaren Unfälle im Kernkraftwerk Tschernobyl als „Havarie“ verniedlicht. Zu oft heißt es am Anfang: Eine Gefahr für die Bevölkerung bestehe nicht. Später müssen dann in derselben Gegend doch noch Häuser evakuiert werden.

Eine besondere chemische Mischung der schönfärberischen Sprache haben einmal die Farbwerke Hoechst geliefert. Sie sprachen von „minder giftigen“ Stoffen, die ausgetreten seien. Nehmen wir die Sprache beim Wort: Giftig ist giftig, minder giftig ist ebenfalls giftig. Es hätte nur noch gefehlt, daß sie ähnlich betulich „ein bißchen giftig“ gesagt hätten.

Wahrhaftigkeit ist stets das beste Mittel jeder nicht minderbemittelten Öffentlichkeitsarbeit. Lügen haben kurze Beine. Das gilt nicht nur am Main.

Fieberhaft

Zu den Unsitten der Polizei- und Publizistensprache zählt, daß eine Suche, eine Fahndung, eine Rettungsarbeit „fieberhaft“ verliefen. Meistens wird dieses Beiwort „fieberhaft“ verwendet, wenn diese Bemühungen vergeblich sind.

Zum Erfolg führt aber in der Regel der fieberfreie, der kühle Kopf.

Also: Fieberhaft ist meistens zu streichen. Wie es Karl Kraus empfohlen hat: Was gestrichen ist, kann nicht durchfallen.

Lauter Bergleute: Vor Ort

Viele Politiker und Journalisten sind Bergleute. Sie sind dauernd „vor Ort“, also unter Tage bei harter Arbeit. Wahlkämpfer sind vor Ort, und selbst Staatsanwälte sind vor Ort, wenn sie in Wirklichkeit am Tatort sind. Umgangssprachlich hat sich „vor Ort“ in diesem breiten Sinne eingebürgert. Aber lassen wir doch den Bergleuten ihre anschauliche Sprache, und sprechen wir Nicht-Bergleute so, wie es uns möglich ist. Sagen wir also, wo wir sind. Dort und hier, an Ort und Stelle, am Tatort, im Vorort und vor Ort nur, wenn wir tatsächlich einfahren, um danach auf dem Erinnerungsfoto mit malerisch geschwärztem Gesicht zu erscheinen wie früher Politiker in ihren Wahlkämpfen an Rhein und Ruhr.

Nicht zur Kasse gebeten

„Darf ich bitten?“ Das sagte früher mit leichter Verbeugung der Herr während der Tanzstunde oder eines Balls, wenn er eine Dame aufforderte. Der Dame blieb dann nichts anderes übrig, als auf die Tanzfläche zu folgen. Lehnte sie die Bitte ab, hatte sie diesen Tanz entweder glaubhaft schon einem anderen versprochen, oder aber sie durfte während dieser Runde überhaupt nicht tanzen.
Das waren klare Verhältnisse. Die sind es heute nicht, wenn es heißt: „Der Finanzminister wird demnächst abermals zur Kasse bitten“. Oder: „Telekom wolle zur Kasse bitten“. Die Verbraucher und Steuerzahler werden andauernd und ausdauernd „zur Kasse gebeten“. Nein, sie werden es nicht. Dabei geht es nicht wie in der Tanzstunde zu: „Zur Kasse bitten“ ist eine jener Schönfärbereien des politisch-publizistischen Betriebs. Ehrlicher wäre: Es wird berechnet, in Rechnung gestellt, abkassiert oder in einer jugendlich-deftigen Sprache abgezockt.

Ja, bei der Post

Kein Kabarettist käme zum Beispiel auf die Idee, bei der Berechnung des eine Mark kostenden Standardbriefes mit den Höchstmaßen Länge mal Breite mal Höhe - „L x B x H: 235 x 125 x 5 mm“ - die Fußnote anzufügen: „Die Länge muß mindestens das 1,41fache der Breite betragen“. Wieso das 1,41fache? Warum nicht das 1,42fache? Oder Pi mal Daumen? Und wer soll das wie berechnen? Findige Menschen, wie die Buchhändler am Bundeshaus, haben sich bei danebenliegender Poststelle „Probeschlitze“ geholt, um zu prüfen, ob es Standardbriefe für eine Mark, Kompaktbriefe für zwei Mark, Großbriefe für drei Mark, Maxibriefe für vier Mark sind.

Aber das kann noch Bürokratismus herkömmlicher Art sein. Etwas anderes kommt einer Kulturrevolution gleich, war eine der auf leisen Sohlen schleichenden Kulturrevolutionen des Alltags: Das Ende der Drucksachen sowie die Einengung und Begrenzung der Büchersendungen.

Für ein „Standardbuch“, wie es die Post nennt, sollten nur noch 20 Gramm erlaubt sein. „Das reicht nicht einmal für ein Schundheft“, schrieb Hans Dietrich Lindstedt, der Geschäftsführende Vizepräsident des Freien Deutschen Autorenverbandes. Das größte Buch, das noch in Büchersendungen erlaubt war, also in einer „Maxisendung“ für 2,50 Mark, darf höchstens 1000 Gramm wiegen und muß ein sehr schmales Buch sein von höchstens fünf Zentimetern Stärke: „L x B x H 353-250-50 mm“. Jedes Buch, daß etwas dicker ist, vom wissenschaftlichen Werk bis zum Roman, wird schon wesentlich teurer als Päckchen oder als Paket, beginnend mit 4,50 Mark aufwärts. Buchhandlungen und die Kunden im Ausland haben es noch schwerer. Der alte Stoßseufzer der Autoren, Tucholsky an Rowohlt: „Macht unsere Bücher billiger“, könnte nun heißen: „Macht unsere Bücher dünner“.

Im Verein mit den Autorenverbänden hat deshalb der Börsenverein des Deutschen Buchhandels zu Recht gefordert, das am 1. April (sic!) 1993 eingeführte neue Portowesen zu revidieren. In der Tat: Wenn die Bundesrepublik Deutschland auch ein Kulturstaat sein will, sollte man im Interesse der Informations- und der Kunstfreiheit die Post zu den alten Bedingungen zurückkehren lassen und das bewährte Höchstgewicht von zwei Kilogramm für Bücher wieder einführen. Diese Büchersendung gibt es seit 1871. Der Kultur des Buchhandels geht es nun schlechter als im Kaiserreich. Der Börsenverein an Bundespostminister Bötsch: „Überlassen Sie nicht den Bürokraten die Definition, was Literatur ist und was nicht. Wenden Sie sich gegen unsinnige Tarifeinteilungen, wie die in der Praxis nicht existierende Kategorie Bücher bis 20 Gramm. Wenden Sie sich gegen Dünnbrettbohrer, die ausschließlich mit dem Lineal an Literatur herangehen und verfügen, daß Bücher nicht dicker als 5 cm (mit Verpackung) sein dürfen.“

Daraufhin schwor die Post diesem Schwachsinn ab. Büchersendungen dürfen neuerdings doch wieder bis zu 5 cm dick sein.

Vergißmeinnicht

Nachdem der Postminister Richard Stücklen 1961 die Postleitzahlen eingeführt hatte, brachte das wirklich einen Fortschritt. Die Operetten-Zeile „Doch bei der Post geht's nicht so schnell", tönte nicht länger aus dem deutschen Posthorn. Viele Länder machten es der Bundespost nach.

Auch die DDR führte die Postleitzahlen ein. 5300 stand für Bonn und für Weimar gleichermaßen - ein Zahlenspiel nicht ohne politischen Hintersinn. Denn es hieß immer beim vergleichenden Blick in die Geschichte: „Bonn ist nicht Weimar". Postalisch gesehen war Bonn aber doch Weimar.

Um die Postleitzahlen im Westen und im Osten zu unterscheiden, setzte man in den Zeiten der deutschen Teilung ein X vor die Orte im Osten, nach der Vereinigung ein O wie Osten und ein W vor die im Westen.

Nachdem auch das Postleitzahlen-System vereinigt wurde, mußte es eine Umstellung geben.

Was jetzt herausgekommen ist, beweist die alte Skepsis, daß der Fortschritt sich allenfalls wie eine Posthornschnekke voranbewegt oder in Wirklichkeit ein Rückschritt ist. Zum Beispiel: In Bonn muß man nun fast ein Heimatkundler oder Kartograph sein, um unter den 113 Möglichkeiten, die alle mit 53... beginnen, mühelos zu unterscheiden. Allein an der Reuterstraße gibt es drei Postleitzahlen „Vergißmeinnicht, die Postleitzahl!"

Ergebnis dieser Computer-Reformpolitik: Fünfstellig statt vierstellig. Komplizierter, damit es angeblich einfacher wird. Für den einzelnen langsamer, damit es schneller wird? Insgesamt schlechter, um besser zu werden?

„Überhaupt hat der Fortschritt das an sich, daß er viel größer ausschaut, als er wirklich ist.“ (J.N. Nestroy).

Weltschutz

Der Mensch als Wettermacher, das ist schon im Märchen danebengegangen. Dabei kann es uns nicht trösten, daß es schon vor unserer Zeit - als dieser Planet nur wenige unserer Gattung zählte, also ohne die heutigen Produktionen von Kraft und Gas - Hitze- und Eiszeiten gab. Wir sind für uns verantwortlich und für unsere Nachkommen, damit diese nicht sagen, was waren diese Vorfahren für merkwürdige Eisheilige und Warmwassermänner. Natürlich gibt es keinen „Klimagipfel", sondern eine Konferenz über Klimaveränderung. Der englische Titel solcher Zusammenkünfte war wieder einmal genauer. Auch das Hauptwort dieser Sache, der Umweltschutz, ist ein irreführender Begriff. Nehmen wir die Sprache beim Wort: Nein, wir haben mehr als unsere Umwelt zu schützen. Umwelt könnte vorgeben, es gebe noch andere Welten um uns herum. Aber wir haben nur diese eine, dieses eine Raumschiff. Zutreffender sind Begriffe, die, wie Ökologie, mit dem Schutz des eigenen Hauses zu tun haben. Oder mit Lebensschutz, mit der Bewahrung der Schöpfung, mit den natürlichen Lebensgrundlagen. Wenn Naturschutz das Gemeinte sprachlich nicht etwas altmodisch auf Pflanzen und Tiere einengte, („Naturschutzgebiet"), wäre dies kein schlechtes Wort, zutreffender auf jeden Fall als Umweltschutz.

Reform oder Revolution?

Mit kaum einem Begriff ist in den letzten Jahren derart Schindluder getrieben worden wie mit der Reform. Viele der Reformen entsprachen nicht dem Wortsinn des Begriffes, etwas zu seiner eigentlichen Form zurückzuführen. Sie wollten eher umstürzen, also revolutionieren. Zum Beispiel die Gebietsreform, die oft eine Gebiß-Reform war, da die Größeren die Kleineren auffraßen. Der Mißbrauch der Reformpolitik führte zum Gegenschlag der Reformmüdigkeit, weshalb es heute auch eine notwendige Reformpolitik schwer hat. Nach wie vor gilt die alte Erfahrung, daß rechtzeitige Reformen vor Revolutionen schützen. Oder: Hätte die katholische Kirche im Mittelalter sich rechtzeitig reformiert, wäre ihr die Reformation erspart geblieben. Einem besonderen Kapitel entstammt der Begriff Reform in der ehemaligen DDR, dem der systematischen Umwertung. Dieses System hatte sich allerdings als so reformunfähig erwiesen, daß es scheitern mußte. Aber es hat nach seiner verschleiernden Niederlage mit verschiedenen seiner Begriffe insofern doch noch gesiegt, indem jetzt viele gedankenlos oder mit Absicht wieder von der „Bodenreform“ reden, darunter auch demokratische Politiker aus CDU und SPD. Nein, die Bodenreform unter der sowjetischen und der DDR-Diktatur, das ist ein genauso verhüllendes Wort wie „Umsiedlung“ statt Vertreibung. Die Bodenreform war in Wirklichkeit Enteignung und Vertreibung, also allenfalls eine Boden-Revolution.

Wahlsprache

Die Sprache hat es im Wahlkampf noch schwerer als sonst schon. Die Parteien, von Werbeagenturen geführt, versuchen sich in der Kunst, mit wenigen Worten alles zu sagen. Früher hieß es zum Beispiel: „Auf den Kanzler kommt es an". (Danach kam dann übrigens ein anderer). Oder: „Keine Experimente", oder „Weiter so, Deutschland". Auch das letzte Mal kam es wieder auf den Kanzler an. So sehr, daß es ihm auf dem größten Plakat die Wahlwerbesprache verschlagen hat. Das Eindrucksvollste bei der CDU-Werbung war einmal ein Bild Kohls in einer Menschenmenge ohne jeglichen Text. Bündnis 90/Die Grünen kamen politisch daher: „Ein Land reformieren". Früher waren sie verspielter. Daran erinnert wenigstens noch ein Farbspiel: „Die schwarzen Tage sind gezählt". Die CSU drückte ihre Festigkeit in Bayern auch für die Bundestagswahl aus: „Damit Deutschland stabil bleibt". Bayerisch hieße das: „Mir san mir". Die PDS ist ein geschickter Werber. Sie verbirgt, daß sie die Nachfolgerin der SED ist, das Grundgesetz ablehnt und unter allen Parteien die reichste ist, was ihre Werbe-Wendigkeit mit erklären mag. Die SPD übertraf sich selbst. Sie achtete nicht auf den in Deutschland doppeldeutigen Sinn des „Radfahrens" und setzte Scharping im gelben Trikot auf ein Rennrad: „Jetzt geht es los". Später folgte der Text „Kanzlerwechsel". Übertroffen wurde dies noch vom Bild des Männerbundes Schröder, Schar-ping, Lafontaine, wobei mindestens einer so dreinschaute, als wollte er am liebsten dort nicht abgebildet sein. Dazu der starke Bildtext: „Stark". Am stärksten machte sich dieser Bildtext vor einer Tankstelle. („Die drei von der Tankstelle" - hieß ein altes Kino-Lustspiel). Die FDP stellte sich selbst zur Abstimmung. Es bleibt ihr nichts anderes übrig: „Diesmal geht's um alles". Sollen die Wähler vielleicht denken: „oder nichts"? Dabei ging es nicht um alles, sondern um viel: um mindestens fünf Prozent der Wähler.

Wortschatzminister

Wirtschaftsminister müssen mit der Sprache zaubern können. Ludwig Erhards „Wohlstand für alle“ und „Maßhalten“ sind unvergessen. Karl Schiller übertraf sich im Zusammenspiel mit Franz Josef Strauß an Bildhaftigkeit gelegentlich selbst: „Die Pferde müssen saufen.“ Otto Graf Lambsdorff wurde in diesem Amt zum „Vorsitzenden des Vereins für die deutliche Aussprache der deutschen Sprache“. Von ihm stammt die „Wende“. Jürgen Möllemann sprang nicht nur mit Fallschirmen auf die Erde. Er ließ Versuchsballons steigen. So verblüffte er eine Weile mit der Sachkunde eines von ihm erfundenen Professors Bliesheimer. Nach dem Beitritt der DDR zur Bundesrepublik prägte er das Wort vom „Aufschwung Ost“. Die Worte der Wirtschaftsminister reizen nicht selten wegen ihrer Bildhaftigkeit die Karikaturisten. Günther Rexrodt hat es mit der Sicherung des „Wirtschaftsstandortes“ Deutschland zu tun. Deshalb kündigte er ein „Standortforum Zukunftssicherung“ an. Als er über den Wirtschaftsstandort in der seiner Partei nahestehenden Friedrich-Naumann-Stiftung diskutierte, kam der Gesprächsleiterin dazu hartnäckig nur das Wort „Wortschatzstandort“ über die Lippen. Die Dame hatte recht: Jeder Wirtschaftsminister in Deutschland ist auch ein Wortschatzminister.

rächtschraibung

Noch vor der Rechtschreibereform hatte - ohne die Kultusministerkonferenzen der deutschsprechenden und -schreibenden Länder und Staaten - die tageszeitung (taz) eine Revolution veranstaltet, mit ansteckender Wirkung. Sie führte das große I, mit dem früher die „ABC-Schützen" als I-Männchen das Buchstabieren lernten, als Kennzeichen der Gleichberechtigung ein. Also: „WählerInnen", wenn Wähler und Wählerinnen gemeint sind, „GenossInnen" bei beiden. Das wirkt nur auf den ersten Blick rational, stiftet aber bei den Deutschschülern, vor allem den ausländischen, Verwirrung, da diese Großschreibung (Majuskel) I nicht in den Lehrbüchern zu finden ist.

Das ist aber nur eine der Methoden, auf Teufel/in die Gleichberechtigung zu demonstrieren. Manche machen sich die Mühe der Verdoppelung und wiederholen selbst diejenigen Begriffe in beiden Geschlechtsformen, die nach dem allgemeinen Sprachempfinden bisher für alle galten. Nur bei negativen Worten wie Mörder bestehen sie nicht unbedingt auf der Mörderin.

Vollends irrational wird es, wenn man den Geschlechtern, dem genus, mythologische Bedeutung bemißt. Manche FeministInnen behaupten, alle bedeutenden Worte in der deutschen Sprache wie der Staat, der Kanzler etc.pp. seien männlich, maskulin. Eine Stichprobe widerlegt diese „Philosophie" sofort: Die Liebe, die Sonne, die Macht. Nun müßten sich dagegen Männer beschweren.

Praktisch wird die kommende Sprachreform neben der erwünschten Vereinfachung der überzähligen und überflüssigen Ausnahmeregelungen einige Verwirrung stiften. Theoretisch könnten demnächst Zeitungen auf der ersten Seite unsere heutige Rechtschreibung drucken und auf der zweiten die neue, werden wir eine Weile ein in mehrere Rechtschreibungen getrenntes Volk sein.

Wie sich das entwickeln könnte, hat ein Kenner, ein Parlamentsstenograph, vorweggenommen.

Ausblick auf die Rechtschreibreform

Der Chef der hessischen Landtagsstenographen, Arthur von Hinüber, hatte 1990 in einem Briefwechsel mit der Landtagsabgeordneten Streletz, die sich für die bedingungslose Einführung der weiblichen Sprachformen in allen Landtagsprotokollen einsetzt, eine „kleine und wirklich absolut geschlechtsneutrale“ Ergänzung angefügt. Es ist eine Parodie auf denkbare Sprachreformen, die keine sind. Von Hinüber hat fünf Schritte einer „Sprachrevolution“ skizziert, wie sie der Zeitschrift des Verbandes der Parlaments- und Verhandlungsstenographen zu entnehmen war:

„Erster Schritt: Wegfall der Großschreibung.

einer sofortigen einführung steht nichts im wege, zumal schon viele graphiker und werbeleute zur kleinschreibung übergegangen sind.

zweiter schritt: wegfall der dehnungen und schärfungen.

dise masname eliminirt schon di gröste felerursache in der grundschule, den sin oder unsin unserer konsonantenverdopelung hat onehin nimand kapirt.

driter schrit: v und ph ersetzt durch f, z ersetzt durch s, sch ersetzt durch s.

das alfabet wird um swei buchstaben redusirt, sreibmasinen und sesmasinen fereinfachen sich, wertfole arbeitskräfte könen der wirtsaft sugeführt werden.

firter srit: q, c und ch ersest durch k, j und y ersest durch i, pf ersest durch f.

iest sind son seks bukstaben ausgesaltet, die sulseit kan sofort fon nun auf swei iare ferkürst werden, anstat aktsig prosent reksreibunterikt könen nüslikere fäker wi fisik, kemi, reknen mer geflegt werden.

fünfter srit: wegfal fon ä-, ö- und ü-seiken.

ales uberflusige ist iest ausgemerst, die ortografi wider slikt und einfak, naturlik benotigt es einige seit, bis dise fereinfakung uberal riktik ferdaut ist, fileikt sasungsweise ein bis swei iare, anslisend durfte als nakstes sil die ferinfakung der nok swirigeren und unsinigeren gramatik anfisirt werden.“

III. Zeichen der Zeit

Wie die Ente in die Zeitung kommt

Enten sind bei Journalisten unbeliebte Tiere. Natürlich nicht, wenn sie anmutig und mit den schön-schillernden Farben des Erpels über einen Weiher gleiten. Manche mögen sie auch als Speise. Aber keiner mag sie als Zeitungsente, als Falschmeldung. Der Kollege Reinhard Urschel von der Hannoverschen Allgemeinen hat in seinem Kreis zunächst vergeblich gefragt, woher der Ausdruck Ente im Zeitungswesen komme. Daraufhin hat sich der Chronist in der Redaktionskonferenz des General-Anzeigers ebenfalls erkundigt. Da kannten einige die Herkunft jener Ente, nicht etwa deshalb, weil sie gern zu unserer Zeitung flöge. Sie bestätigen das Ergebnis von Reinhard Urschel, der beim volkskundlichen Altmeister Lutz Röhrich fündig geworden war. Danach hat die Zeitungsente nicht unbedingt etwas mit der französischen Ente - le canard - zu tun, obwohl die Redensart „plonger comme un canard" „abtauchen wie eine Ente" - oder im übertragenen Sinn - „sich geschickt aus dem Staube machen" - doch etwas mit der Zeitungsente zu tun haben könnte. Der Titel jener französischen Zeitschrift ohnehin. In der französischen Umgangssprache kann canard auch „Käseblatt" bedeuten. Aber „Käseblätter" gibt es ja in Deutschland nicht (mehr). Naheliegend ist die lateinische Lösung. Selbst ohne kleines Latinum haben Redakteure in der zweiten Hälfte des vorigen Jahrhunderts unter Meldungen, die ihnen unsicher erschienen oder für die sie keine sichere Quelle hatten, das Kürzel N.T. oder n.t. gesetzt. Das heißt „non testatum", nicht belegt. N.T.-Meldungen stimmten selten oder nie. Reinhard Urschel: „Gesprochen klingt N.T. eben wie Ente. Und so kam die Ente in die Zeitung."

Unverkrampft

Die Gesellschaft für deutsche Sprache sollte nicht nur die „Unworte" des Jahres geißeln, sondern auch Worte des Jahres loben. Eines davon ist „unverkrampft", das der Bundespräsident Roman Herzog in seiner kurzen Rede zur Annahme der Wahl gebraucht hatte.

Über diesem Wort zu den Deutschen und Deutschland wurde der Kontext überhört, wie er sich dieses unverkrampfte Deutschland vorstellt: „Friedliebend, freiheitsliebend, leistungsstark, um Gerechtigkeit zumindest bemüht, zur Solidarität bereit, tolerant, weltoffen ...". Also auch alle Fragen enthaltend, die uns nun zu schaffen machen, von der Gewalt gegen Fremde bis zur Arbeitslosigkeit. Daß er sich Deutschland keineswegs als Groß- oder Weltmacht wünscht, sagt er einige Sätze weiter: „Dieses Deutschland muß in der Welt seine Rolle spielen, aber unverkrampft und ohne gefletschte Zähne." „Ohne nationales Trara, Fanfaren und Tschinellen."

Das ist alles andere als „rechts". Vielleicht waren seine Kritiker verkrampft. In einer verwandten Sprache, dem Kapholländisch der Buren, hat das „onverkrampt" einen gleichen guten Sinn und politischen Erfolg: Die „onverkrampten" in der Partei der Weißen setzten sich auf dem Weg zur Demokratie gegen ihre „verkrampten" Parteifreunde durch.

Beim Wort nehmen

Sprachkritik ist nicht nur eine Frage des guten Geschmacks, der Ästhetik. Obwohl das schon wichtig genug ist. Es kommt nicht nur darauf an, daß wir überleben, sondern wie wir überleben.

Sprachkritik ist nicht nur Feuilleton, sondern Politik: Die Kunst der Unterscheidung zwischen falschen und richtigen Gedanken, die zum falschen und richtigen Handeln führen, zum guten wie zum bösen. Alles wird irgendwann zuerst gedacht und gesagt, ehe es getan wird. Zum Beispiel: Mit der Umschreibung der Morde und Vergewaltigungen auf dem Balkan als „ethnische Säuberung" wird etwas Falsches unternommen. Falsch im doppelten Sinne des Wortes. Es ist falsch und unmenschlich, Menschen aus ihrer Heimat zu verjagen, und es zeugt von Falschheit, dafür wie für andere Verbrechen beschönigende Worte zu finden. „Endlösung" hieß der Massenmord an den Juden. In der Regel ist der erste Schritt zur Änderung der Zustände die Änderung des Denkens und damit der Sprache - und umgekehrt. Es ist sinnvoll, die Sprache beim Wort zu nehmen. Was wir ihr antun, fügen wir uns selbst zu.

Soldaten und Mörder

Auch wenn das Bundesverfassungsgericht entschieden hat, die Meinungsfreiheit könne es erlauben, „Soldaten sind Mörder“ zu sagen, ist damit kein gültiges und letztes Wort gesprochen. Wer Tucholsky zitiert, kennt den Satz: „Satire darf alles.“ Aber dabei muß es wirklich Satire sein, und Satire hat ihre Grenzen - am Grundgesetzartikel über die Würde des Menschen zum Beispiel.

Der Wehrdienstverweigerer, der während des Golfkrieges jenen Tucholsky-Aufkleber angebracht hatte, zitierte aus einer Tucholsky-Glosse zu Carl von Ossietzky, der am 1. Juli 1932 im gleichen Zusammenhang vom Vorwurf der Beleidigung der Reichswehr freigesprochen worden war. Tucholsky hatte in der „Weltbühne“ geschrieben, im 1. Weltkrieg habe es vier Jahre lang „ganze Quadratmeilen Landes“ gegeben, „auf denen war der Mord obligatorisch, während er eine halbe Stunde davon entfernt ebenso streng verboten war.“ „Sagte ich: Mord? Natürlich Mord. Soldaten sind Mörder.“

Dieses Wort ist trotz seines literarischen Ranges damals wie heute falsch. Soldaten töten im Kampf unter Einsatz ihres Lebens, wobei heute ohnehin Kriegsverhinderung Auftrag der Bundeswehr ist. Soldaten sind keine Mörder. Jeder Krieg kann jedoch aus Soldaten Mörder machen. Jeder Krieg entfesselt das Böse, das in jedem Menschen steckt. Deshalb ist der Krieg ebenso zu ächten wie seine chemischen Massenvernichtungsmittel geächtet worden sind, die immer noch falsch „Waffen“ genannt werden.

Sprache des Krieges

Mars ist ein Heuchler, zumindest seine Knechte sind es. Sie sprechen nicht davon, wie gräßlich der Krieg ist und wie elend, sondern singen ihm Heldenlieder, veranstalten - „Stahlgewitter“. Sie neigen zur Verharmlosung, indem sie vom „Kriegshandwerk“ reden. Aber schon in den mittelalterlichen Heldenepen wird das Erschrecken eines christlichen Ritters verzeichnet, als er nach einem Kampf auf einem Schlachtfeld sieht, was diese Ritter angerichtet, wie sie ihre Gegner zugerichtet haben. Schlachten und Schlachtfeld, das sind wenigstens ehrliche Worte. Im Krieg wird nicht nur Propaganda gemacht, die eigene Sache verschönt und verherrlicht, die des Feindes herabgewürdigt. Im Krieg wird stets auch schöngeredet. Wer tot ist, der ist „gefallen“, als könnte er wieder aufstehen. Die Toten sind „Verluste“- immerhin.- Menschen sind „weiche Ziele“. Besonders schlimm für die Betroffenen ist es, wenn eine Gegend von gegnerischen Soldaten „gesäubert“ wird. Danach sieht es dort alles andere als sauber aus, auch nicht nach „chirurgischen“ Bombenangriffen des modernen Krieges. Die Beispiele ließen sich mehren. Es gibt keinen sauberen Krieg. Er ist so unsauber wie seine Sprache.

An Gewalt gewöhnt

Die Welle der Gewalt ist noch nicht abgeebbt. Aber nicht nur in Rostock demonstrierten mehr Menschen gegen Fremdenfeindlichkeit, als zuvor einige (aber immer noch zu viele) den Tätern Mut gemacht hatten. Nicht nur im Osten Deutschlands haben Kriminelle und verführte Jugendliche in vielen weiteren Städten als Brandstifter und mögliche Totschläger Haß entladen.

Über diesen Nachrichten und Bildern, über diesem Alarm darf nicht vergessen werden, daß dies nur ein Ausschnitt aus der Wirklichkeit ist. Dieser Satz soll nichts entschuldigen und beschönigen, aber der Unterscheidungsfähigkeit dienen: Die Abbildung der Wirklichkeit in den Medien ist nicht die Wirklichkeit, Besinnung haben nicht nur Politiker, Polizisten, Parteiführer, Kirchen und Verwaltungen nötig. Auch die Verantwortlichen in den Medien müssen prüfen, ob sie Gewaltbereitschaft fördern. Das Fernsehen baut allabendlich für die Täter eine Bühne auf. Millionenpublikum ist garantiert. Unter Gewalttätern gibt es stets diejenigen, die wie der antike Herostratos einen Brand nur deshalb legen, um beachtet zu werden.

Es werden in diesen Tagen zu Recht Fehl- und Nichtentscheidungen zuerst der Politik, dann der Polizei und der Justiz kritisiert, daß das geltende Recht nicht angewendet oder durchgesetzt wird, daß zu wenig getan wurde, um den Hohlraum des zusammengebrochenen Sozialismus mit den Ideen und Aufgaben der westlichen Demokratie auszufüllen.

Wie wir es mit der Gewalt halten - das ist jedoch auch eine tägliche Gewissenserforschung wert. In unserer Mediengesellschaft wird Gewalt von Kindesbeinen an wie eine Droge oder als Unterhaltung konsumiert. Wirklichkeitsverlust ist die Folge. Weshalb manchem nicht mehr bewußt ist, daß man mit Gewalt nichts lösen kann, nicht einmal die eigenen seelischen Nöte.

National, nicht nationalistisch

Hoffentlich waren die Feuer, welche viele Slowaken zur Feier ihrer Unabhängigkeit entzündet hatten, wirklich Freudenfeuer und werden nie zum Feuerschein einer weiteren Brandstiftung in Europa. Sowohl die von der tschechoslowakischen Föderation ihren Abschied nehmenden Slowaken als auch die seit der Gründung der gemeinsamen Republik nach dem Ersten Weltkrieg die Vorherrschaft behauptenden Tschechen hatten sich vorgenommen, keinen Krieg gegeneinander zu führen, sich zivilisiert zu trennen. Sie wollten kein zweites Jugoslawien. Sie wollen Nachbarn werden wie Belgier, Niederländer und Luxemburger.

Aber zur Zeit sind sie zwischen Prag und Preßburg weniger mit dieser Idee der Zukunft befaßt als mit der leidigen Gegenwart und der tragischen Vergangenheit. Zu dieser Vergangenheit gehört die Auflösung des mitteleuropäischen Zusammenlebens durch die Zerstörung des alten Österreichs in der ersten großen Welle des Nationalismus am Beginn unseres Jahrhunderts. Sie scheint nun zurückzuschwappen. Zu dieser Vergangenheit mit Auswirkungen bis zum heutigen Tag zählt die Lebenslüge der ersten tschechoslowakischen Republik, welche eine Schweiz Mitteleuropas werden wollte, in der nach dem Ersten Weltkrieg jedoch weder die Slowaken noch die Deutschen den gleichen Rang einnahmen wie die Tschechen. Die größte Tragödie aber war die Besetzung durch Zerschlagung dieser Republik durch Hitler-Deutschland, die Vertreibung und Vernichtung der Juden in Böhmen, Mähren und der Slowakei. Danach, Verbrechen auf Verbrechen, die Vertreibung der Deutschen aus dieser Völkergemeinschaft.

Schließlich die Unfähigkeit, eine wirkliche Bundesrepublik der Tschechen und Slowaken zu bilden. Geschichtlich tragisch ist es, daß Präsident Vaclav Havel mit seinem Scheitern ernten mußte, was die tschechisch-nationalen oder nationalistischen Präsidenten wie Beneš und Masaryk und erst recht die kommunistischen Diktatoren gesät hatten. Havel war der erste Präsident, der den alten Anspruch dieser Republik ernst nahm, daß die Wahrheit siegen werde. Um der Wahrheit willen wollte er Versöhnung mit vertriebenen deutschen Landsleuten, nannte die Vertreibung Vertreibung und Unrecht Unrecht. So hatte er immer geredet und geschrieben, trotz Gefangennahme und Berufsverbot unter der kommunistischen Diktatur. Wegen seiner Wahrheitsliebe wußte er, daß die Slowaken keine Tschechen sind und in der bisherigen Republik zu kurz kamen. Die Slowaken hatten letztlich einen Freund in ihm. Aber nicht einmal ein Mann dieses Formats kann allein einen geschichtlichen Prozeß anhalten.

Nun wird sich zeigen, ob Tschechen und Slowaken nur einen jeweils nationalen Weg der guten Nachbarschaft der beiden verwandten Völker gehen oder ob sie der ansteckenden Krankheit des Nationalismus und seinen Brandstiftungen erliegen. Gegen sie sind auch Staaten der Europäischen Union und des Westens von Belgien bis Kanada nicht gefeit. Aber national und nationalistisch sind zweierlei. Die klugen Köpfe in beiden Völkern wissen, daß sie aus ihrer Verwandtschaft und Nachbarschaft nicht austreten können, so wie sie aus der Föderation ihrer beiden Republiken ausgetreten sind.

Zu den Widersprüchen nicht nur dieser Scheidung in Europa gehört, daß beide in die Europäische Union wollen, in der sie wieder zusammenrücken und in die sie die eben erst gewonnenen Souveränitätsrechte einbringen müßten. Es ist eine Scheidung mit der Möglichkeit einer künftigen Wiederverheiratung, zumindest der Versöhnung. Gelingt dies nicht, erweist sich das Wort des damals noch unterdrückten Dramatikers Vaclav Havel bei der Verleihung des Friedenspreises des Deutschen Buchhandels im Jahr 1989 erst recht als prophetisch: „Lange gab es nicht so viele Gründe für die Hoffnung, daß alles gut ausgeht, und niemals gab es zugleich so viele Gründe für die Befürchtung, daß, wenn alles schlecht ausgehen sollte, dies die endgültige Katastrophe sei."

Skandal

Ein über zwanzig Jahre alter Film wurde herumgereicht. Er zeigte in einer Nebenrolle eine junge Frau, die angesehene und ansehnliche Rechtanwältin und Bundestagsabgeordnete Dagmar Wöhrl (CSU), damals noch nicht einmal „Miß Germany". Frisch in den Bundestag gewählt, wurde sie, auch mangels journalistischer Phantasie, wie üblich „Miß Bundestag" genannt.

Nun wissen wir, dank der Boulevard-Presse, daß sie auch damals schon gut aussah. Und eine unserer Zeitungen mit den großen Buchstaben fragte besorgt, indem sie jenes Foto veröffentlichte: „Stürzt sie über Nacktfoto?" Nein, sie stürzte nicht , sondern ging weiter selbstbewußt ihren Weg. Ein Skandal wäre es gewesen, wenn sie in der geistigen Nachfolge des unvergessenen keuschen Alois Hundhammer gleichzeitig Vorsitzende des „Vereins wider die sündhafte Nacktheit" gewesen oder gar heute noch wäre.

Aber es gibt eben nicht nur diejenigen, die sich lieber an den heiligen Paulus halten, daß dem Reinen alles rein sei, sondern mutmaßlich immer noch mehr, die in der Nachfolge von Ludwig Thomas königlich-bayerischem Abgeordneten Josef Filser stehen, der das „Geschlächtliche" verdammt hatte. Den Skandal machten diejenigen, die diesen Skandal machen wollten. Zum Glück ist der CSU-Vorsitzende Theo Waigel kein Nachfolger Filsers, kein Pharisäer.

Rote Socken

Im vergangenen Bundestagswahlkampf war kein Requisit populärer als die raffinierte Selbstironie der PDS, sich auf - „roten Socken“ bei den Wählern einzuschmeicheln. Die PDS griff damit auf, wofür ihre Vorgängerin, die SED, und deren Machtapparat - von der Regierung und den Bezirken bis zur Stasi- in der DDR verspottet worden war: rote Socken. Die CDU tat ihr den Gefallen, noch mehr Socken im Volk zu verteilen: „Auf in die Zukunft, aber nicht auf roten Socken!“ Die SPD wiederum hielt der CDU jene Socken vor die Nase. Aber nicht alle CDU-Landesverbände hängten die roten Socken auf. Zum Beispiel Bernhard Vogels Thüringer CDU. Gysi konnte sich als Meister der Fähigkeit, auf leisen Socken daherzukommen, darüber nur freuen und rief das „Jahr der roten Socken“ aus.

Manfred W. Hellmann, wissenschaftlicher Mitarbeiter im Institut für deutsche Sprache in Mannheim, ist im „Sprachdienst“ (Heft 5/94) der Frage nachgegangen, woher die roten Socken sprachlich stammen. Frühe Belege sind Sprechchöre aus dem Dezember 1989 in Leipzig: „Lieber rote Socken als braune Hemden.“

Im „Spiegel“ vom 23. April 1990 wurde eine „Dame“ aus dem Stasimilieu zitiert, das Ost-Berliner-Berolina-Hotel sei eine ziemlich stasifreie Bude, alles andere war tiefrote Sokke und völlig eingespitzelt“. Demnach stammt dies aus dem spezifischen Deutsch der DDR. Nachzulesen auch im Wörterbuch von Theodor Constantin, „Plaste und Elaste“: „Spöttisch auch für Funktionär“. Noch älter ist ein Beleg aus der Sprache der politischen Gefangenen in Cottbus (Muttersprache 1984/85,Seite 83): „Häftlinge, die sich für die Entlassung in die DDR entschieden, wurden von den anderen verächtlich als 'rote Socken' tituliert." Vielleicht hängt das mit der älteren abfälligen Bezeichnung von „Socken" für schmutzige und liederliche Menschen zusammen, die seit dem 19.Jahrhundert im Gebrauch ist (Heinz Küppers Illustriertes Lexikon der deutschen Umgangssprache). Vielleicht aber besteht auch eine Verbindung zum Jiddischen oder zum Rotwelsch: „Gesocks". Hellmanns Fazit: „Es wird nicht lange dauern, bis wir auch auf grüne oder schwarze Socken stoßen. Der Sprachkreativität eröffnen sich neue Möglichkeiten. Also: Vorwärts auf farbigen Socken. Benettons United Colours wird's freuen."

Genossinnen und Genossen

Es gibt Worte des Jahres wie „Wendehals“ oder „Wir sind das Volk“. Eines der Unworte des vergangenen Revolutionsjahres 1989 war die Anrede „Genosse“. Das war zu merken, als ein Mitgründer der neuen Sozialdemokratischen Partei in der DDR, der junge Pfarrer Steffen Reiche, zum ersten Mal in Bonn war. Da erzählte er seinen staunenden „Genossen“ von der SPD, daß es Begriffe in der DDR gebe, die durch die SED derart verunstaltet worden seien, daß die dortigen jungen Sozialdemokraten sie kaum gebrauchen könnten: Partei, Sozialismus und Genosse.

„Freunde“, wie Herbert Wehner einst in seinen Briefen an die SPD-Bundestagsfraktion die „werten Sozialdemokraten“ anredete, wollten sich die SPD-Parteimitglieder aber auch nicht nennen. Die Konkurrenten der Ost-CDU redeten sich schon mit „Freunde“ an. Etwas anderes sei es, sagte Reiche in Bonn, wenn man im Westen mit den Sozialdemokraten spreche. Da werde das Wort von den Genossinnen und Genossen leichter über die Lippen gehen. So war es, als beim Berliner SPD-Parteitag der Gastredner von der Ost-SPD sein Wort an die „Genossinnen und Genossen“ richtete, dann eine Pause machte und den staunenden SPD-Delegierten gestand, daß er diese Anrede zum ersten Mal in seinem Leben verwende.

Aber auch bei den Sozialdemokraten in der Bundesrepublik war es nicht selbstverständlich, sich als Genosse zu titulieren. Helmut Schmidt bevorzugte früher die hanseatische Art des Chefs, nannte die anderen beim Vornamen und sagte Sie. Es gab in den sechziger Jahren sogar Anträge an den SPD-Parteitag, mit Rücksicht auf den neuen Charakter einer Volkspartei die überkommene Anrede aufzugeben. So hatte es die SPD in Ludwigshafen schon beschlossen. Aber die in jenen Jahren in die SPD strömende neue Schicht junger Akademiker, die mit der Parteitradition der SPD im Grunde nichts gemein hatte, setzte dem unter ihnen ohnehin üblichen Du ohne Schwierigkeiten die „Genossin“ und den „Genossen“ hinzu. Sogar altmodische SPD-Führer wie Hans-Jochen Vogel bedienten sich dieses Brauches wacker, duzten tapfer und schmetterten das „Genossinnen und Genossen“ wie eine Fanfare. Die heutige SPD hätte auch auf die Formen ihrer ersten Parteitage achten können. Im Allgemeinen Deutschen Arbeiterverein und auf dem Eisenacher Parteitag vom 8. August 1869 redete man sich als „Herr“ an. Die alten Genossen waren Herren. August Bebel begann sein Referat in Eisenach mit der Anrede „Meine Herren“.

Dennoch hält die SPD am „Genossen“ fest, nicht zuletzt aus Unkenntnis ihrer eigenen Geschichte. Der politischen Phantasie bleibt es überlassen, sich vorzustellen, was geschehen wäre, wenn die SPD angesichts des zusammenbrechenden Ancien régime der SED ihre eigenen Zöpfe abgeschnitten, auf zwei Unworte verzichtet und statt Sozialismus konsequent von Sozialdemokratie geredet und die Anrede „Genosse“ anderen überlassen hätte. Schon in den siebziger Jahren hatte die Demoskopie der Bundesrepublik herausgefunden, daß die Unbeliebtheit des Wortes „Genosse“ nur noch vom unseligen „Volksgenossen“ übertroffen wurde. Daran ändert wenig, daß bis heute das Genossenschaftswesen der Banken und Bauern diesen Begriff aus der älteren Genossenschaftstradition heraus pflegt und im Bundestag selbst Wolfgang Schäuble als „Genosse“ unterschreibt, wenn er nicht für seine Fraktion, sondern mit einer Gruppe von Abgeordneten einen Antrag stellt.

Tod ohne Tabu oder die Kunst zu sterben

„Der Tod hat keinen Stachel mehr." Diese zuversichtliche Zeile eines Osterliedes kommt auch Christen nicht leicht von den Lippen. Selbst Jesus hatte Todesangst. Aber dem Geist aller Religionen widerspricht es, den Tod mit einem Berührungsverbot zu belegen, unter ein Tabu zu stellen. Das geschah jahrzehntelang im 20. Jahrhundert, nicht zuletzt durch einen aus den USA kommenden Jugendkult, der Altern und Sterben verbietet und selbst noch Leichen jung schminkt.

Jetzt ist zwar nicht die mittelalterliche „Ars moriendi", die Kunst des Sterbens, wieder in den Mittelpunkt gerückt. Aber der Tod ist kein Tabu mehr. Gerade in den USA, nach dem Aids-Schock. Es gibt immer mehr Menschen, die wie Carmen Thomas gegen Berührungsängste schreiben oder über die eigenen letzten Dinge reden. Darunter Politiker wie François Mitterrand oder Männer des Fernsehens wie Werner Veigel und Hanns Joachim Friedrichs. Manche mögen das als eine für diese Berufe charakteristische Selbstinszenierung empfinden. Viel mehr spricht jedoch für Würde und Stärke angesichts des Todes - Hajo Friedrichs sagte zuletzt: „So ist das nun, und so mußt du das nehmen."

Diese Menschen verdrängen nicht, daß der Tod vom ersten Augenblick zur menschlichen Existenz gehört, obwohl wir fast alle so leben, als hätten wir endlos Zeit.

Lebenskunst

Wer an jenem Tag über den Bonner Marktplatz ging, erlebte die Welt, wie sie sein kann: Die Sonne schien für alle. Erwachsene und Kinder aus vieler Herren Länder spielten, aßen und tranken miteinander. Für dieses Fest klingt die Bezeichnung „Tag der ausländischen Mitbürger“ zu bürokratisch. Viele der ehemals Fremden sind längst Nachbarn geworden und freuen sich ihres Lebens zusammen mit den lebensfrohen Rheinländern. Das kann nicht verordnet werden. Es ist Lebenskunst und -kultur. Solche Feste und der „Bonner Sommer“ malen ein besseres Stadtbild, als es Werbung und Öffentichkeitsarbeit vermögen.

Wer wissen will, wie der besondere Ortsgeist von Bonn ist, der sollte immer wieder den Marktplatz besuchen. Wie ist dieser Genius loci? Er ist friedlich-schiedlich: leben und leben lassen, das Ergebnis einer Zivilisation, die am Rhein tiefer wurzelt als in geschichtlich jüngeren Landschaften.

Der Schriftsteller Wilhelm Schmidtbonn hat einmal geschrieben, er liebe den Marktplatz wie einen Menschen. Aber dieser Platz scheint die Menschen ebenfalls zu mögen, ihnen gut zu tun. Deshalb ist es richtig, daß Bonn und Bonn - der Bund und die städtische Stadt - Königinnen, Präsidenten und Staatsleute aus allen Erdteilen stets hierhin führen. Viele von ihnen haben von dort ein besseres Deutschlandbild mitgenommen.

Bonner Klima

Wetter und Klima waren in Bonn schon immer Gesprächsthema. Ob das die Klima-Konferenz der UNO in Berlin gewußt hat, als sie sich für unsere Stadt entschied, obwohl auch Genf gut Wetter machen kann? Nebenbei gehört die Klage über das Bonner Klima zu den festen Redensarten der Bonn-Schelte seit 1949. Die Pensionisten der Kaiserzeit und Adenauer dagegen wußten, daß man hier gedeihlich bis ins hohe Alter leben kann.

Der britische Diplomat und Krimi-Autor John le Carré teilte die Klima-Klage über Bonn ebenfalls. Zum Glück hatte er auf der jetzigen Klima-Konferenz nichts zu sagen: „Während der meisten Monate ist Bonn kein Ort für Jahreszeiten:

Ein Klima für Kopfschmerzen, warm und fade wie in Flaschen abgefülltes Wasser, ein Klima des Wartens, des bitteren Geschmacks, der vom langsam fließenden Strom aufsteigt: In der Tat, so reden auch manche Bonner über unser Treibhaus. Es beschere den Herz-, den Hals-, Nasen- und Ohrenärzten stets Patienten. Im Volksmund heißt es: „Entweder es regnet, oder man ist müde, oder die Schranken sind zu."

Halten wir uns lieber an das Gegenbild und sagen der Weltklima-Konferenz: Hier herrscht ein gutes Klima, auch wenn es mindestens um zwei oder drei Grad wärmer ist als im Siebengebirge. Magnolien und Mandelbäume blühen früher als anderswo in Deutschland. Dieses Klima weckt die Vegetation und dämpft die politische Erregbarkeit.

Das starke Geschlecht

Goethe, der Frauenkenner, hat gewußt, was er schrieb: Wenn einer wissen will, was sich ziemt, dann frage er bei edlen Frauen an. Hätte Goethe die Beueler Waschweiber und alle zu Weiberfastnacht ihr Wesen treibenden Frauen des Rheinlandes gekannt, dann hätte er sicher gewußt, wo er zuerst angefragt hätte.

An Weiberfastnacht wird immer wieder spürbar, daß weibliches Selbstbewußtsein älter ist als die Emanzipationsbewegung unserer Tage. Eigentlich hätten es die Frauen gar nicht nötig, als starkes Geschlecht auch noch rituelle Ersatzhandlungen wie Krawattenabschneiden vorzuführen.

Vielleicht gehen demnächst Mitglieder von Gleichstellungskommissionen und vor allem ihre „Mitgliederinnen", mitten ins rheinische Volk, um zu erleben, wie reizvoll am Menschengeschlecht ist, daß Mann und Frau eben nicht gleich im Sinn von egal sind. Damit sollen die tatsächlichen Schwierigkeiten vieler Frauen (und Männer) nicht weggewischt werden. Im Gegenteil. Wer sich auf das wirkliche Leben von der Geburt bis zum Tod einläßt, wird spüren, wie sinnlos manches ist, was die Überemanzipierten betreiben, indem sie zum Beispiel eindeutige Begriffe, die für beide Geschlechter gelten, nun geschlechtsspezifisch auseinandernehmen.

Keine Zeit

In unserer Zeit stehlen wir uns zu oft die Zeit durch Termine. Wir könnten von weisen Menschen wie Heinrich Krone lernen, der einmal gesagt hatte: „Glauben Sie ja nicht, daß Adenauer und ich Zeit hatten, wir haben sie uns einfach genommen." Sie haben ihre Zeit nicht totgeschlagen oder vergeudet, sondern sich eher an die Weisheit des biblischen Predigers gehalten, daß alles seine Zeit hat. Eine Einsicht, die Gelassenheit gibt. Goethe hat jenes Wort aufgegriffen: „Alles hat seine Zeit! Ein Spruch, dessen Bedeutung man bei längerem Leben immer mehr anerkennen lernt ..."

Oft drängt sich der Eindruck auf, daß viele in unserem Volk die einmalige geschichtliche Zeit, die wir seit 1989 erleben, nicht erkannt haben, kleinmütig in einer großen Zeit sind.

Der Zeitgeist scheint eher auf ein Ende, auf ein Jahrhundert- und Jahrtausendende mit seinen dafür charakteristischen Gefühlen eingestimmt zu sein. Viele Zeitgenossen empfinden eher so: „Die Zeit tritt ehern in ihr letzteres Alter." (Paul Celan). Sie sind weniger auf die atemberaubenden Veränderungen und neuen guten Möglichkeiten eingestimmt. Die Bildung der Europäischen Union als Friedensgarantie zwischen ihren Staaten, zumindest für sie, wurde 1993 eher beiläufig hingenommen, als sei dies nicht eines der Hoffnungszeichen unserer Zeit - ebenso die deutsche Vereinigung oder die Friedensprozesse in einer vom Krieg heimgesuchten Welt, von Israel bis Südafrika, von Irland bis Bosnien.

Mit Frieden und Freiheit ist es wie mit der Gesundheit. Man weiß erst, was man an ihnen hatte, wenn sie einem fehlen.

Wir wollen uns wieder mehr Zeit nehmen, damit wir die Zeichen der Zeit deuten können. Dabei müßten einige mit gutem Beispiel voran gehen. Aber gerade die Führenden auf allen Ebenen sind Zeitschinder. „In der Zeit zu sein", das ist ihnen oft schon ein Wert an sich. Dabei haben alle technischen Beschleunigungen vom Verkehr bis zu den Computern bisher dem Menschen nicht das Gefühl vermittelt, mehr Zeit zu haben. Diese Diener der Menschen sind längst zu ihren Herren geworden, wenigstens für viele.

Gerade deshalb wünschen wir uns mehr von dem Bewußtsein, wie es Heinrich Heine im Godesberger Hotel „Zum Adler" ausgedrückt hat:

> „Jahre kommen und vergehen. In dem Webstuhl läuft geschäftig, schnurrend hin und her die Spule. Was er webt, das weiß kein Weber."

Oder jenes einfache Gedicht als Begleiter und als Wunsch für jede Zeit:

> „Ein jedes Jahr hat seinen Sinn, ein jedes seinen Segen. So wie es kommt, so nimm es hin, nimm Sonne, Wind und Regen … Es sei dem Jahr, das nun beginnt, ein gutes Maß beschieden. Gott geb ihm Sonne, Regen, Wind und einen rechten Frieden."

Festtagswünsche

Im letzten Monat des Jahres, oft schon im November, wird zu so vielen besinnlichen Stunden im Advent eingeladen, daß einem Hören und Sehen vergehen kann. Warum müssen alle lieben Menschen, Behörden, Firmen, Parteien ausgerechnet in diesen Tagen vor Weihnachten auch noch einladen? Reichen denn die vielen Grüße und Gegengrüße, Gaben und Gegengaben nicht? Es gibt einige, die sind in einen Feier-Streik getreten und gehen nicht mehr aus. Unbewußt knüpfen sie damit an den alten Sinn der Adventszeit an, jetzt nicht möglichst viele besinnliche Stunden zu feiern, sondern zur Besinnung zu kommen. Man kann die Adventszeit auch bis zur Besinnungslosigkeit begehen.

Weihnachten und Ostern

Alle Jahre wieder nehmen sich manche Menschen vor, diesmal nicht zu Weihnachten und zum Neuen Jahr zu schreiben. Warum soll man das, wozu man im ganzen Jahr nicht gekommen ist, nun auf einen Schlag erledigen? Andere sagen sich, dieses Mal schreibe ich schon zu Beginn der Adventszeit. Dann ballt es sich doch wieder in den letzten Tagen zusammen, getrieben von einer inneren Unruhe, vielleicht auch vom Bewußtsein, daß schon wieder ein Jahr verflogen ist und man so vielen nicht geantwortet hat. Wer schreibt, der bleibt? Aber was soll man schreiben? Manche helfen sich mit wertvollen Zitaten von Adenauer oder Erhard, von unbekannten Pastoren, bekannten Dichtern oder aus der Bibel. Das sind oft wahre Geschenke, wertvoller als manche der üblichen Kalender, Bücher oder Flaschen.

Andere bedienen sich der vorgedruckten Karten, einer vorgestanzten Sprache, die vom halbheidnischen „frohen Fest“ bis zum vulgären „guten Rutsch“ reicht. Aber auch über solche Grüße freuen sich die Empfänger meistens, weil es Lebenszeichen sind. In wievielen Sprachen und mit welchen Formeln man alles Gute zum Weihnachtsfest und für das kommende Jahre wünschen kann, ist übrigens an einer Sprachschule besonderer Art nachzuempfinden, an allen hohen Feiertagen auf dem Petersplatz live oder im Fernsehen. Mutmaßlich übt der polnische Papst schon jetzt wieder die Weihnachtsgrüße in der sprachlichen Vielfalt des Pfingstfestes ein. Darüber freuen sich stets die, welche weder chinesisch, noch ungarisch verstehen können.

Weihnachten sind wir dennoch sprachlich vielseitiger. Unsere Ostergrüße sind etwas karger. Am häufigsten hört man „Frohe Ostern“ oder „Fröhliche Ostern“, was im Kern an die frohe Botschaft des Christentums erinnert. Heidnischer ist der Ruf „ein schönes Osterfest“, und ein bißchen vulgär „dicke Ostereier“. Pfingstgrüße gibt es kaum. Dabei hätten wir den Beistand des Geistes und seiner „sieben Gaben Zahl“ gerade heute nötiger denn je.

Wir schließen uns gern allen guten Wünschen an und bitten diejenigen um Nachsicht, die noch immer auf eine Antwort oder einen Gruß warten.

Vereinsmeier

Schon Heinrich Heine hat gesagt, es sei schön bei uns Deutschen, daß keiner verrückt genug sei, daß er nicht noch einen anderen Verrückten fände, der ihn versteht. Das ist die Keimzelle der Vereinsgründung. Manchmal geht es tatsächlich so zu wie im „Fröhlichen Weinberg“: „Die Veteranen marschieren im langsamen Tempo auf, ihr Gesang spottet jeder Beschreibung.“ (Carl Zuckmayer)

Doch das ist nur die eine Seite. Gerade in Deutschland leisten die Vereine Hilfen, für die in anderen Gesellschaften vergeblich nach dem Staat gerufen wird. Die Vereine stehen in einer guten Tradition des deutschen Bürgersinns. Zum Beispiel: Wenn sich der Staat wie einst bei der Gebiets“reform“ zu weit von ihren Vorstellungen entfernt, dann legen sie die öffentlichen Baupläne wieder selbst aus und ersetzen die abhanden gekommene Dorfverwaltung im Verein. Der Satz des Grundgesetzes „Alle Deutschen haben das Recht, Vereine zu gründen“, ist im Bewußtsein vieler fester verankert als manche andere Bestimmung dort.

Mehr als die Hälfte der Bundesbürger gehört Vereinen an, nur ein Bruchteil den Parteien. Das haben die Fortschrittler der sechziger und siebziger Jahre übersehen und unterschätzt. Das festigt die letztlich konservative Struktur Deutschlands.

In den Vereinen kommt Solidarität zustande, worüber in den Parteien oft nur geredet wird. Sie haben eine gute Tradition in der praktischen Nächstenhilfe, von den Raiffeisenverbänden der Bauern, den Kolping-Gesellenvereinen bis zu den Sportlern, von den Kirchen bis zu den sozialen Bewegungen. Schon im vorigen Jahrhundert zählten die

Turner über 200.000 Mitglieder, aber auch die Kulturvereine, Verschönerungs-, Lese- und Erholungsgesellschaften fanden Zulauf. 1841 wurden in Meißen der erste Verband der Freiwilligen Feuerwehren gegründet. Es ist längst nicht überall so selbstverständlich wie bei uns, daß sofort Freiwillige losrennen, wenn es brennt. Unterdessen geben die Freiwilligen Feuerwehren mit 1.133.000 Feuerwehrmännern und endlich auch -frauen und über 150.000 Jugendlichen in über 23.000 Vereinen das einprägsamste Beispiel, trotz Nachwuchssorgen.

Und sie stehen in einer demokratischen Tradition der schwarz-rot-goldenen Farben von 1848. Nicht zufällig waren selbst Turn- und Gesangsvereine im 19.Jahrhundert zeitweilig verboten. Als das Rheinland unter preußische Herrschaft kam, nahm es die schon von den Franzosen verbotenen Schützenbrüderschaften und Zünfte in den damals wieder aufblühenden Karneval hinein. Das eröffnete nebenher die Möglichkeit, sich über die alten und neuen Herren und ihre Riten und Paraden lustig zu machen - wovon in heutigen Karneval weniger zu spüren ist, er ist oft selbst in Riten und Paraden erstarrt.

Aber auch die Karnevalsvereine gehören wie die anderen zu den Kräften, die die Welt zusammenhalten. Wer mit und in seinem Verein lebt, fühlt sich wohl kaum als „einsame Masse“, hat nicht das „wurzellose Bewußtsein“, welches C.G. Jung für neurotische Krankheitsbilder verantwortlich macht. Was natürlich nicht heißt, daß es nicht auch außerhalb der Vereine möglich ist, die Welt zusammenzuhalten.

Nachbarschaft

Wir Deutschen fühlen uns schlechter, als es uns geht. Die Bundesrepublik ist eine Stimmungsrepublik, manchmal im Westen noch mehr verstimmt als im Osten.

Eine mögliche Medizin gegen diese gesellschaftlich ansteckende Krankheit ist die Belebung einer in Deutschland seit eh und je bestehenden und immer wieder wirksamen Einrichtung und Gesinnung, jener der Nachbarschaft.

Natürlich gibt es nicht nur Nachbarschaftshilfe, es gibt auch kleinlichen Nachbarschaftsstreit, über den abgesägten Ast aus Nachbars Garten, über Fröschequaken und das laute Krähen eines Hahnes. Im großen wie im kleinen bestätigt sich das Wort von Friedrich Schiller: „Es kann der Frömmste nicht in Frieden leben, wenn es dem bösen Nachbarn nicht gefällt."

Solche Nachbarn hat das deutsche Volk, das Volk mit den meisten Nachbarn in Europa, zur Zeit weder im Westen noch im Osten, weder im Norden noch im Süden. Da es lange Zeit anders war, könnten wir zufrieden sein.

Gute Nachbarn sollten wir aber auch den Ausländern im Lande sein. Sie wurden zuerst angeworben, weil wir manche Arbeiten selbst nicht mehr tun wollten. Danach flohen viele zu uns, weil es in Deutschland alles in allem gut zugeht. Noch im vorigen Jahrhundert war es umgekehrt. Da warnten die deutschen Behörden die Deutschen vor Auswanderung. Jetzt warnen sie vor Einwanderung. Sind wir nur der Zahl nach ein großes, aber kein großmütiges Volk, auch wenn wir nicht die Arche Noah der Welt sein können? Nachbarschaft - das wird zur Zeit nicht zuletzt im eigenen

Volk erprobt. Aus den „Brüdern und Schwestern“ der unverbindlichen Reden müssen wieder Nachbarn werden.

Die Nachbarschaft ist in Deutschland die kleinste das Gemeinwesen zusammenhaltende Einheit. Sie ist ebenso „typisch deutsch“ wie das Vereinsleben. Beide gehören zu den Kräften, die die Welt zusammenhalten seit altersher: Schon auf einem Kreuz aus der Zeit des Dreißigjährigen Krieges auf der Margarethenhöhe oberhalb von Königswinter im Siebengebirge ist dieser Begriff eingemeißelt. Eine „Napperschaft“ habe es errichtet. Dieses Wort kann man auch nachlesen auf einem Kreuz in Bockeroth im Pleiser Hügelland oder auf einem in der Nähe der Kettenbrücke über die Sieg bei Hennef.

Der frühere Sprecher der Raiffeisengenossenschaften, Friedhelm Kaiser (Bonn), hatte der „Bürgerinitiative Nachbarschaft“ ein kleines Buch gewidmet. Nachbarschaft sei die „politische Infrastruktur in überschaubaren Bereichen.“ Das muß Folgen haben für die „Architektur neuer Siedlungen ebenso wie für das alltägliche Verhalten. Selbst die Einwohner manchen Hochhauses, die eben noch großstädtisch einander fremd waren, besinnen sich auf Nachbarschaft.

Nachbarschaft kann das Gefühl überwinden, welches die „Aktion Gemeinsinn“ nach der staatlichen Einigung der Deutschen beobachtet hat: „Wir gegen uns“. Nur wenn wir mit uns selbst ins Reine kommen, bleiben wir gute Nachbarn in Europa, für die Fremden im eigenen Land, unter uns Deutschen.

Karneval

Es ist Karneval, die närrische Zeit. Die Narren haben es leicht und schwer zugleich in unserem Land. Denn ihre Witze werden oft von der Wirklichkeit übertroffen. Sie brauchen nichts zu erfinden, sie müssen nur finden. Närrische Einfälle und Zustände sind überall in unserer Gesellschaft zu beobachten. Von der Politik über die Parteien und Vereine bis zu den Familien, von den Kirchen bis zu Handel und Wandel.

Ein Teil der Büttenreden und der Karnevalswagen karikiert diese über das ganze Jahr andauernde Narretei. Das ist die politische und politisierende Seite des Karnevals. Schon in früheren Jahrhunderten war der Karneval ein Forum der Beherrschten gegenüber den Herrschern. Heute mischen sich die Politiker dergestalt unter das närrische Volk, daß sie von anderen Narren nicht mehr zu unterscheiden sind. Aber auch das gilt das ganze Jahr über. Der politische Betrieb produziert andauernd seine karnevalistischen Möglichkeiten und Unmöglichkeiten.

Der Politik die Narrenschelle anzuhängen ist aber nur die eine Seite des Karnevals. Ursprünglicher ist der „Spaß an der Freud“, die Lust am Spielen und Verkleiden. Erwachsene werden wie die Kinder und können mit wenig Schminke, Stoff, einem alten Hut oder einem geliehenen Gewand viel Freude erleben - und bringen. Den meisten Spaß hat man, wenn man sich kennt, wiedererkennt, im Spiel den verkannten Kern eines anderen wahrnimmt. Aber diese Lektion über den spielenden Menschen, den „homo ludens“ als Gegenbild zum rastlos schaffenden „homo faber“, vergessen wir immer wieder.

Natürlich sind auch die Karnevalisten keine anderen und besseren Menschen. Auch in ihren Vereinen gibt es Idealisten und Karrieristen - Leute, die die Welt zusammenhalten, und Wichtigtuer. Geltungsdrang und Geld schieben den Narrenkarren ebenso an wie Jux und Tollerei. Eine in den Umzügen oft gesehene Geste hat uns ein alter Karnevalist, Michael Kohlhaas aus Köln, gedeutet. Es ist jener Gruß, bei dem man mit beiden Handflächen auf das eigene Herz zeigt und danach die Arme ausbreitet. Dies entspreche der Wahrheit des alten Spruchs: Die Freude, die wir geben, kehrt ins eigene Herz zurück.

Zweimal in den letzten Jahren mußte der große Karneval ausfallen: einmal wegen eines Unwetters, das andere Mal wegen des Krieges am Golf. Und auch in der jüngsten Zeit haben einige gefragt, ob angesichts des Leids auf dem Balkan Karneval gefeiert werden dürfe. Bevor die Frage gestellt wird, ob der Karneval ausfallen soll, sollte eher gefragt werden, ob nicht einige der Ereignisse ausfallen könnten. Wer den Karnevalsverzicht zum allgemeinen Gesetz erheben wollte, dürfte niemals feiern in einer Welt, in der Elend herrscht, wo Krankheit und Unglück jederzeit über den Menschen hereinbrechen können.

Im Gegenteil. Eine der Deutungen des Karneval heißt carne vale, Abschied vom Fleische. Die Fastnacht vor der Fastenzeit. Das wilde weltliche Treiben hat also ursprünglich mit Religion, mit Bindungen zu tun. Wer die am Aschermittwoch beginnende Fastenzeit ernst nimmt, kann den Karneval davor leidenschaftlicher erleben als ein Mensch, für den das ganze Jahr über Karneval herrscht. Die alles erlaubende, die permissive Gesellschaft ist im Ergebnis eine lustfeindliche Gesellschaft. Karneval ausgelassen zu feiern, steht nicht im Widerspruch zu einer verantwortlichen Lebensführung. Am Aschermittwoch ist eben nicht alles vorbei. Danach kann eine Zeit der Besinnung, des Neudenkens, des Verzichts kommen, ohne daß man in Sack und Asche herumlaufen müßte. Wer so lebt, hat noch mehr Spaß an der Freud.

Humor und Verdruß

Bei uns gibt es beide: die Motzkis, die ewig mosern und motzen, auch wenn es ihnen gut geht. Die aus Überfluß zum Verdruß gelangt sind und aus unserer Gesellschaft eine verdrossene Gesellschaft gemacht haben. Aber auch die vielen anderen mit Humor. Die zuerst über sich lächeln können, ehe sie über andere lachen. Die auch dann zu den Karnevalsumzügen gehen, wenn es stürmt und schneit.

Dabei zeigt sich einerseits die Kraft des Vereinslebens. Es ist in Deutschland so stark, daß sich selbst der alternative Karneval in seinen Stunk-Sitzungen den Bräuchen anpaßt. Andererseits wirkt einfach der unorganisierte „Spaß an der Freud", die Lust am Verkleiden und Maskieren. Das Kind im Manne oder in der Frau wird sichtbar. Der spielende und spielerische Mensch als Gegenbild zum eingespannten, funktionierenden und sich selbst entfremdeten Wesen.

Von Friedrich Schiller haben wir gelernt, daß der Mensch nur dann bei sich ist, wenn er spielt. Das ist das eigentliche Lebensgeheimnis des schon oft totgesagten Karnevals. Womit nicht gesagt ist, daß alle Karnevalisten Humor haben oder alle Menschen mit Humor in diesen tollen Tagen beim Karneval sind. Im organisierten Karnevalsbetrieb kann es manchmal fast so wie im politischen Betrieb zugehen. Humorlosigkeit ist überall in unserer Gesellschaft und zu allen Jahreszeiten zu beobachten, nicht nur im Karneval.

Marcel Reich-Ranicki hat unlängst die verbreitete Humorlosigkeit in der deutschen Gesellschaft auch mit der deutschen Literatur verknüpft. Wir hätten zu wenige Komödien, sagt er. Das ist nur zum Teil richtig. Schillers Kapuzinerpredigt im Wallenstein ist ebenso komisch wie manche

Dialoge in Goethes Faust. Sie müssen nur entsprechend inszeniert werden. Hinzu kommen die vielen Komödien in der Farbe der Dialekte, vom Schlesier Hauptmann über den Darmstädter Niebergall, vom Kölner Puppentheater bis zum Wiener Volkstheater mit Raimund und Nestroy.

Bei uns werden zu oft Humor und Lächerlichkeit verwechselt. Zu viele glauben, daß man seriös nur mit verschlossener Miene und bitterem Ernst sein kann. Zu viele machen Witze auf Kosten anderer, womit sie zwar den Witz als Waffe einsetzen, aber noch längst keinen Humor haben. Auch der Klimbim in vielen Unterhaltungssendungen hat nichts mit Humor zu tun, auch nichts mit Komik, allenfalls mit Klamauk.

Humorlosigkeit äußert sich nicht zuletzt gegenüber Kindern und Jugendlichen. Man achte einmal auf die vielen Verbotsschilder, darauf, wie oft es drohend heißt: „Eltern haften für ihre Kinder". Was früher als Streich genommen worden wäre, wird heute „kriminalisiert". Auch das trägt bei zur Übellaunigkeit.

Humor ist eine Haltung und eine Haltung, die man einüben kann, und Humor ist die beste Medizin gegen Verdruß, ist Lebenshilfe und positive Lebensphilosophie für das Zusammenleben in der Öffentlichkeit und den Parteien, im Privaten und in Betrieben, in einem Volk und zwischen den Völkern. Er schafft jene Gelassenheit, die Dinge hinzunehmen, die man nicht ändern kann, den Mut, Dinge zu ändern, die sich ändern lassen, und die Weisheit, das eine vom anderen zu unterscheiden.

„Ich kann gar nicht mehr lachen." Aber stimmt das wirklich? Sind Politiker nicht die besten Witzfiguren? Sind sie nicht unfreiwillig komisch wie Helmut Kohl, wenn er pfleglich mit Graf Lambsdorff, Kinkel oder Gerhardt, „untergehen" statt umgehen wollte? Manche Politiker haben die Rolle der Ostfriesen übernommen. Früher war der Bundespräsident Lübke, eine Zeitlang dann oft Kohl der Landeshauptmann von Ostfriesland, später dann wurden die „Ossis" und - mit üblem Unterton - oft auch die Ausländer, vor allem die Türken, zu Witzfiguren.

Besser kommen die Politiker weg, wenn sie selbst Anekdoten oder Witze erzählen oder Gegenstand von Anekdoten sind wie Adenauer oder Theodor Heuss. Selbst als „Helden" der Karikatur müssen sie sich nicht schlecht fühlen. Nur wer karikiert wird, zählt. Witzig schließlich im Sinn der Ventilfunktion des Witzes ist der Politiker, der einen anderen imitiert, zum Beispiel der Waigel den Höcherl. Dann werden sie zu spielerischen Menschen. Oder wenn sie mit den Bonner Phantomfiguren umgehen, dem Legationsrat Dräcker, der einmal in einem Leserbrief an die FAZ das Schwarz-Rot-Gold der Bundesrepublik in der Antarktis hissen wollte, worauf die SED-Zeitschrift „Horizonte" hereinfiel, oder der fiktive Abgeordnete Mierscheid oder der von Minister Möllemann erfundene Professor Bliesheimer, dessen leere Buchseiten immerhin ansehnliche und für den politischen Betrieb charakteristische Titel wie „Wege aus dem Nichts" oder „Die neue Atemlosigkeit" ergaben. Witzig ist auch die Wiederkehr des Paulskirchenabgeordneten Piepmeyer auf die Bonner Bühne, dank des

PR-Beraters Michael Ropers und des Karikaturisten Burkhard Mohr und unter tätiger Mitwirkung des Autors.

Während die Politiker gerne Karikaturen sammeln, ertragen sie es weniger gut, wenn Witze über sie gemacht werden. Zu Zeiten des Kanzlers Willy Brandt wurde im Bundespresseamt geforscht, warum so viele Witzworte gegen ihn im Umlauf seien, zum Beispiel die doppelsinnige Anspielung auf zwei Ortsnamen in der Bonner Gegend: Wo liegt das Büro von Willy Brandt? Zwischen Pech und Wahn. Solche Witze wurden damals vom Fraktionsgeschäftsführer der CDU/CSU, Reddemann, systematisch gesammelt und gegen Brandt in Umlauf gebracht. Es waren Witze als Waffen.

Über Kohl wurde gesagt, er habe beim französischen Präsidenten moniert, daß dieser sich nicht auf das verabredete Du eingelassen habe: Monsieur Mitterrand, nous sommes perdu. Was aber nicht heißt: wir sind per Du. Sondern: Wir sind verloren ...

Wenn Politiker beieinanderhocken, unterscheiden sie sich kaum von anderen Tischrunden. Die Männer unter ihnen amüsieren sich gern mit sogenannten Herrenwitzen, wie einst im Kasino. Sie nehmen sich des „Themas Nummer eins“ in der Form an, wie es Sinn und Unsinn der Zote will. Sie reden und sie zwinkern sich zu aus einem Gefühlsstau heraus, wie einst die mittelalterlichen Mönche mit ihren Joca monachorum. Denn ihr Arbeitsleben fördert Lust wie die Tretmühle; solche Witze von Männern für Männer hört man in allen Fraktionen. Neben der Zote gedeiht der Kalauer, da das politische Handwerk nicht zuletzt Mundwerk ist. Der Kalauer in seiner besten Form hat seine

Würze in der Kürze, was ja die Seele des Witzes sein soll. (Jean Paul).

Jederzeit aufgelegt zum Kalauer und zum Wortwitz, der ein Wort wörtlich nimmt und dann doppelbödig macht, war Norbert Schäfer, ein Hesse im Dienst der Landesgruppe der CSU, ihr ehemaliger Pressesprecher und nach dem „Machtwechsel“ von 1982 stellvertretender Regierungssprecher im Bundespresseamt. Den Brahmsee hatte er Helmut Schmidt zuliebe in „Lago di Sozi“ umgetauft. Den Bundespräsidenten Scheel, der in Australien Interesse an Bodenschätzen gezeigt hatte, nannte er einen „Erz-Liberalen“. Den Wechsel des Schmidt-Sprechers Klaus Bölling aus Bonn für Günter Gaus als „Ständigen Vertreter“ der Bundesrepublik in der DDR nach Ost-Berlin charakterisierte er als „Zwangsumtausch“, - übrigens einer der Begriffe, die heute allmählich aus einer schlimmen „deutsch-deutschen“ Vergangenheit in die Vergessenheit abzusinken beginnen.

Politiker machen alle Witzmoden mit und übertragen sie auf ihre Verhältnisse, die Friesen-Witze wie die Häschen-Witze. So erzählten sich einmal Hans-Jochen Vogel (SPD) und Bernhard Vogel (CDU), daß die Kultusministerin des rheinland-pfälzischen, später thüringischen Ministerpräsidenten Bernhard Vogel, die spätere Berliner Parlamentspräsidentin Hanna Laurien, den falschen Vogel angerufen und sofort bildungspolitische Probleme aus dem Mainzer Kabinett ausgebreitet hatte, ohne zunächst zu merken, daß der ehemalige Bundesjustizminister am Apparat war. Das Resümee von Vogel zu Vogel im weiland Häschen-Witz-Stil: „Hattu Laurien, muttu unterbrechen.“

Willy Brandt beklagte sich einmal vor dem Verein der Auslandspresse (VAP) über eine Minderung seines internationalen „Witzschatzes". Als Außenminister sei er von den Botschaftern mit vielerlei Witzen aus aller Welt versorgt worden, im Kanzleramt sei es damit weniger geworden, aber später, als Parteivorsitzender, müsse er auf den Ostfriesen-Witz ausweichen: „Zwei Ostfriesen treffen sich nach dem Urlaub. Wo warst du? An der Ostsee. Ich auch. Und wo? In Braunlage. Hör mal, das ist doch im Harz. Ach, jetzt verstehe ich, warum es zum Strand so weit war."

Horst Ehmke, einst Kanzleramtschef, wurde dieser Witz zugeschrieben: Als Brandt von Breschnew auf die Krim eingeladen worden war, wurde für ein Gastgeschenk ein Preisausschreiben veranstaltet. Die Gabe sollte etwas mit Deutschland zu tun haben, aber auch auf die kommunistische Ideologie anspielen. Den dritten Preis erhielt eine geschnitzte Schwarzwalduhr, deren Kuckuck jede Stunde einmal „Lenin" rief, den zweiten Preis erhielt eine noch schöner geschnitzte Uhr, bei der der Kuckuck jede halbe Stunde „Lenin, Lenin" rief. Bei der Uhr des ersten Preises aber trat jede Stunde Lenin heraus und rief „Kuckuck."

Brandt hatte, als sich im Jahr 1974 seine Kanzlerzeit dem Ende zuneigte, wenig Spaß an manchen dieser Witzwaffen. Damals wurden Witze, aber auch üble Scherze gegen die Ostpolitik in Umlauf gebracht, die oftmals aus dem Dritten Reich auf dem Umweg über den Osten nach Bonn befördert worden waren, darunter besonders gemeine gegen Wehner und Bahr.

Helmut Schmidt hatte manchmal das Witzeerzählen beinahe höfisch institutionalisiert. Schmidt ließ erzählen. (Auch

Kohl lacht lieber über andere). So fragte er nach mancher Besprechung oder nach einer seiner seltenen Teestunden mit Journalisten, ob denn niemand einen Witz wisse, bevor er einmal am Ende einer Regierungserklärung mit dem Gesichtsausdruck der vollendeten Melancholie ausrief: „Und Fröhlichkeit darf auch dabei sein."

Viele politische Witze sind Wanderwitze. Ein Exempel: Aus der DDR wanderten einige absurde Wahrworte in den Westen: zum Beispiel: „Der Mensch steht im Mittelpunkt und somit allem im Wege." Der stets zu Wortstreichen aufgelegte und selbst witzeschöpfende Abgeordnete Detlef Kleinert trug sie am runden Tisch des alten Bundeshausrestaurants dem darüber lachenden Kanzler Helmut Schmidt als „Alternativpunkte" vor. Schmidt übernahm sie während einer geselligen Veranstaltung zum Fünf-Punkte-Programm des SPD-Vorsitzenden Brandt, mit denen dieser den inneren Frieden der Sozialdemokraten wieder einmal und vergeblich besiegeln wollte. Schmidts fünf Punkte:

1. Bei uns ist jeder zu gebrauchen und sei es als abschreckendes Beispiel.
2. Wo wir sind, klappt nichts, aber wir können nicht überall sein.
3. Jeder macht, was er will, keiner macht, was er soll, aber alle machen mit!
4. Wir wissen nicht, was wir wollen, aber das mit ganzer Kraft!
5. Der Verstand ist unser Vermögen, aber Armut schändet nicht!

Die Punkte zwei bis vier dieser Fünf-Punkte-Erklärung Schmidts gegen Brandt stammten aus Kleinerts Vortrag. Der hatte sie auch gefunden, nicht erfunden. Aber so ist es meistens in der Politik, auch dann, wenn Kohl verkohlt wird.

Witze wenden sich gern gegen die Mächtigen. In der SPD witzelte man nicht zuletzt gegen den übermächtig erscheinenden Kanzler Schmidt, man spielte auf seine vermutete oder tatsächliche Besserwisserei an oder auf seine nichtsozialistische Herkunft. Zwei Beispiele, von SPD-Politikern erzählt:

> Der Papst, Jimmy Carter, ein Hippie und Helmut Schmidt fliegen gemeinsam. Das Flugzeug gerät in Turbulenzen. Es sind aber nur vier Fallschirme an Bord. Der Pilot sagt, seine Firma brauche ihn dringend und springt ab. Carter weist auf seine Verantwortung für den Weltfrieden hin und tut desgleichen. Der Bundeskanzler sagt, als klügster Kopf Europas brauche er den Fallschirm und springt ebenfalls. Nun will der Papst dem Hippie den letzten Fallschirm überlassen. Darauf der Hippie zum Papst: „Aber das ist doch gar nicht nötig, wir haben doch noch jeder einen Fallschirm; denn der klügste Kopf Europas ist mit meinem Schlafsack abgesprungen."

Der Witz ist auch in der Unionsfraktion kein Fremdling. Der frühere CDU-Abgeordnete Mikat oder der ehemalige CSU-Abgeordnete Schulze-Vorberg erzählten Witze aus dem Stegreif. Ständig welche auf Lager hatte Otto Wulff als Sprachenimitator. Paul Mikat antwortete auf die Frage, warum er den anderen die Parlamentsreden überlasse, mit einem Witz (der, wie oft bei ihm, anekdotische Züge trägt): „Die anderen haben schon den einen Ton." Und wegen des fragenden Blicks des Gesprächspartners sagte er: „Hans Meier hat sich ein Cello gekauft und übt jeden Tag, bis er ihm einen Ton entlocken kann. Den spielt er seiner Frau regelmäßig vor. Sie sieht und hört eines Abends den Virtuosen Casals im Fernsehen und sagt: „Der spielt doch ganz anders als du." Seine Antwort: „Weib, du hast keine Ahnung, der sucht noch den einen Ton."

Strauß liebte das lateinische Zitat und die Historie. Deshalb bewegten sich die von ihm erzählten Witze oft in der Vergangenheit. Über Strauß gingen ebenfalls Witze um, zum Beispiel über die Schulinspektion.

Schulrat: „Wem verdanken wir diese schöne Schule?" Klasse: „Dem Herrn bayerischen Ministerpräsidenten Dr. Franz Josef Strauß!" Schulrat: „Und wem die herrlichen Berge und den blauen Himmel mit den weißen Wolken?" Die Klasse schweigt. Der kleine Loisl meldet sich: „Dem lieben Gott!" Darauf der Lehrer zum Schulrat: „Entschuldigen S' bitte, aber dem sein Vater ist Sozialdemokrat."

Auch die FDP hat ihre Witze: „Wie wird der nächste FDP-Bundesparteitag eröffnet? Meine Herren Minister, meine Herren Ministerialdirektoren, -dirigenten und -räte! Liebes Parteimitglied." Oder: „Wie begrüßen sich zwei sozialdemokratische Abgeordnete im Bundestag? Guten Morgen, Genosse, guten Morgen, Genosse! Zwei Unionsparlamentarier: Guten Morgen, Herr Kollege, guten Morgen, Herr Kollege! Zwei FDP-Abgeordnete: Guten Morgen, Herr Minister, guten Morgen, Herr Staatssekretär!"

Oder: „Was ist der Unterschied zwischen CSU und FDP? Keiner. Beide wollen sich bundesweit ausdehnen."

Genscher hatte bei seiner Rede zur Verleihung des Aachener „Ordens wider den tierischen Ernst" einmal diesen erzählt: „Nach der Wahl treffen sich zwei Leute an der Theke. Sagt der eine: Was haben Sie gewählt? Sagt der andere: FDP. Darauf der erste: Ach, Sie waren das."

Es gibt also viele Witze in Bonn, viele Witzfiguren, Witzemacher, Witz-Waffenhändler. Sonst wäre den Staatsschauspielern und ihrem Publikum längst das Lachen vergangen über all dem Grinsen und Zähnezeigen.

Witz als Waffe: Was im Alltagsleben des Westens auch negativ sein kann im sozialistischen Osten, wie in jeder Diktatur, hat der Witz gerade darin seinen Sinn: Er ist nicht nur das „Ventil“ des Volkes, er ist seine Waffe. Bei der friedlichen Revolution im Herbst 1989 wurde eine Diktatur auch ausgelacht und hinweggelächelt. Auch deshalb wurde der alte Witz bei der Übersetzung des Parteinamens der Diktatur, der Sozialistischen Einheitspartei Deutschlands (SED), doch nicht Wirklichkeit:

Was heißt SED?

Sicheres Ende Deutschlands.

V. Dem Volk auf’s Maul geschaut

Volk - das sind wir alle, also auch Politiker, Professoren und Publizisten.

Es geht

„Wie geht's?" Manche sagen das wie Hallo, Guten Tag, Tach, Gude, Servus, Gruezi als verbindlich-unverbindlichen Gruß. Was allerdings besser ist als das taubstummblicklose Aneinandervorbeigehen. Selbst in den Dörfern oder im Wald grüßen die Leute untereinander immer seltener. Das gilt vor allem in Ballungsgebieten und noch? nicht in Süddeutschland oder in Österreich. Die Antworten auf diese eigentliche Nicht-Frage, wie geht's, sind unterschiedlich schlagfertig. Manche antworten ebenso nichtssagend: „Es geht." Was schon fast ehrlich ist. Bemerkenswert ist die rheinische Variante: „Am leevste jood." Aber kaum einer antwortet, wie es da drinnen wirklich, aussieht. Täte das jemand wirklich, würden manche Fragesteller in Ohnmacht fallen. Denn mutmaßlich interessieren sie sich gar nicht dafür. Dennoch ist es notwendig, immer wieder zu fragen: „Wie geht es Ihnen?" - „Wie geht es Dir?" oder auf Rheinisch: „Wie isset?"

Ohne Gruß und Kuß

In der deutschen Gesellschaft leben mehrere Gesellschaften nebeneinander. Das zeigt sich sogar beim Grüßen: Ein Grüß-Gott-Bayer grüßt anders als ein Moin-Moin-Friese, ein Ei-Gude-Hesse anders als ein Wie-jeht-et-am-leevste-jood-Rheinländer, ein Hallo-Hallo-Schicki-Micki anders als ein salutierender Soldat. Im Süden wird im allgemeinen mehr und freundlicher gegrüßt als im Norden, überall in den Dörfern eher als in der Stadt. Möglich bleiben ein Lächeln und ein freundlicher Blick.

Wenn man auf dem Lande mit jemandem über den Gruß hinaus Verbindung aufnehmen will, wird zusätzlich das Wetter angesagt oder gefragt, wie es diesem oder jenem geht. Das hat nichts mit dem flotten „Wie geht's?" zu tun, wenn man eigentlich gar nicht wissen will, wie es wirklich geht.

Aber auch beim Grüßen hat es unterdessen manchem die Sprache verschlagen: Selbst auf einsamen Waldwegen oder bei Zugreisen ist das Grüßen aus der Mode gekommen. Die grußlose Gesellschaft ist Ausdruck ihrer Sprachlosigkeit und Verdrossenheit.

Alles klar ?

Manche begrüßen sich so, als sagten sie „Guten Tag“ mit „Alles klar?“ Die Antwort: „Alles klar.“ Beiläufig und automatisch, oft aber in leicht abfallendem Ton. Die Sprachmelodie ist dabei ehrlicher als das Wort. Meistens ist nämlich nichts klar. Aber eine ehrliche Antwort wird wohl ebensowenig erwartet wie bei der Frage: „Wie geht's?“ Eine ehrliche Antwort könnte die derbe Redensart sein: „Klar wie Kloßbrühe.“ Ironisch gemeint, denn Kloßbrühe ist stets trübe. Wer gedankenlos so fragt und ebenso antwortet, redet in der Regel keinen Klartext. Alles klar?

Hm Hm

Die Eigenarten einer Sprache oder eines Dialekts können Außenstehende oft schneller erfassen als die in ihrer Sprache Aufgewachsenen. Deshalb kommen zwei der besten Kenner und Darsteller des Rheinischen, Konrad Beikircher und Hans Menzel-Severing, aus Südtirol beziehungsweise aus Westfalen.

Dem niederländischen Kollegen Rob Meines ist der Hinweis auf den vielsagend-nichtssagenden, aber häufigen Einschub von „Hm Hm" in unseren Gespräche zu verdanken. Was wollen wir damit sagen? Vielleicht das: Man hört zu und ist doch nicht so ganz dabei. Hm. Oder man sagt damit so viel wie bei der gerade erörterten Scheinfrage. „Alles klar?" „Alles klar." Aber vielleicht kann das Rob Meines in seiner geplanten Hm-Hm-logie der deutschen Umgangssprache genauer erklären. Hm.

Mahlzeit

In einem Aufzug im Langen Eugen. Ein Mitarbeiter des Bundestages steigt in der dritten Etage zu und begrüßt die Mitfahrenden: „Mahlzeit!" Ein anderer antwortet: „Aber wir sitzen doch hier nicht beim Essen." Er hat damit zur Verblüffung des Grüßenden die ursprüngliche Bedeutung dieses Grußes in Erinnerung gerufen. Es ist ein Wunsch, der wie ein kurzes Tischgebet gesprochen wurde: „Gesegnete Mahlzeit". Daraus ist ein allgemeiner Gruß geworden, den vor allem Arbeitnehmer in der Mittagszeit gebrauchen oder gebrauchten, statt Guten Tag zu sagen. In der letzten Zeit hört man „Mahlzeit" weniger. Ist dies eine Täuschung oder sterben die Mittagspausen aus? Na denn Mahlzeit!

Auf ein Wörtchen

Wer aus einem Wort ein Wörtchen macht, spricht und schreibt keineswegs bescheiden. Oft folgt er nur einer Gewohnheit. Die Parlamentsstenographen, die manche merkwürdige Rede in die deutsche Sprache zu übertragen haben, sind wegen dieser Aufgabe besonders hellhörig. In ihrer Verbandszeitschrift „Neue Stenographische Praxis" (3/94) nimmt Arthur von Hinüber deshalb „Süppchen" aufs Korn.

Sein Beispiel: Sie wollen dabei ja nur Ihr politisches „Süppchen kochen." Sein Kommentar: „Warum eigentlich immer wieder nur ein Süppchen? Ist es nicht vorstellbar, daß auch einmal eine politische dicke Suppe zubereitet und womöglich noch serviert werden könnte?"

Dasselbe gilt übrigens für das „Hintertürchen", das Verhandlungsführer gern offen lassen. Auch hier sind es oft wahre Hintertüren, ganze Pforten und Portale. Und „ein Wörtchen", das man mit einem reden möchte, ist meistens doch ein Wort, manchmal sogar ein Schimpfwort.

Blond und blauäugig

Vorurteile kommen immer wieder zur Sprache. Zum Beispiel „blond und blauäugig“. Das ist ein Wortpaar der vorgefaßten Meinung, nicht viel anders als „klein und dennoch edel“. (Warum nicht „klein und edel“? Beides schließt einander nicht aus, dann schon lieber „klein, aber oho“). Vorurteile entstehen nicht im luftleeren Raum. Wenn sie sich einmal verfestigt haben, sind sie wie eine Mauer, gegen die man vergeblich anrennt. Keines unserer klugen Wörterbücher hat sagen können, warum „blond und blauäugig“ heute für dümmlich und naiv steht. Vielleicht ist das eine verspätete Reaktion auf Hitlers Rassenwahn, der sich die deutschen Herrenmenschen so wünschte, blond und blauäugig. Andere Vorurteile gelten den Rothaarigen. Solche Vorurteile gibt es in Hülle und Fülle, bis hin zum Hexenwahn. Zum Beispiel auch Dunkelhaarigen gegenüber: der „schwarzgelockte Passagier“ als Übeltäter einer deutschen Ballade. In Italien ist es übrigens umgekehrt: Dort hat einmal eine Versicherung gegen die zu versichernden Übel von Sturm bis Hagel mit der Abbildung von blonden Jünglingen geworben. Zur Zeit sind blonde Frauen der „Witzboldung und Zielscheiberei“ (Nestroy) besonders ausgesetzt, was sich in Blondinenwitzen äußert. Vielleicht sind diese Witze von einer besonders raffinierten Blonden erfunden worden, so wie die Ostfriesenwitze mutmaßlich vom dortigen Fremdenverkehrsamt in Umlauf gebracht sind, weil seither der Tourismus in jenem Landstrich sich steigender Beliebtheit erfreut. Der jüngste Blondinenwitz: Woran erkennt man, daß eine Blondine oder ein Blondin einen Text am Bildschirm korrigiert haben? An den Tipp-

Ex-Spuren. Da war man in den zwanziger und dreißiger Jahren, als das Blondieren Mode wurde, respektvoller. Man sprach vom „blonden Gift“ bei einer gefährlich schönen Frau. Dagegen verharmloste man das Bier als „kühles Blondes“. Wer blond und blauäugig ist, der möge sich trösten: Blau ist nicht nur die Umschreibung des Zustandes der Alkoholisierung oder von Faulheit (blaumachen) oder des Gefühls, mit einem blauen Auge davongekommen zu sein, sondern auch die Farbe des Himmels, der Ferne und der gleichnamigen Blume der Romantik - eine Farbe, die blonden Frauen genauso gut steht wie allen anderen. Wer hat jetzt noch etwas gegen blond und blauäugig?

Geil und schwul

Wörter ändern ihre Werte. Genauer: Nicht die Wörter ändern die Werte, sondern die Sprachgemeinschaft, die sie gebraucht. Wenn jemand vor zehn Jahren zu einem Mann gesagt hätte: „Du bist schwul", hätte dies zu einem Beleidigungsprozeß führen können. Heute sagen viele selbst: „Ich bin schwul." Sie empfinden dieses Wort nur noch als Beschreibung ihres Seins, nicht mehr als Kränkung. Sie offenbaren sich, neudeutsch: sie „outen" sich. Was wie die meisten Neuzugänge unserer Sprache aus dem Angelsächsischen kommt.

Mutmaßlich hat schwul eine ähnliche Bedeutungsverbesserung erlebt wie geil. Wörter haben ihre Geschichte. Die von schwül stammende Form schwul ist umgangssprachlich erst seit dem 19. Jahrhundert für homosexuell gebräuchlich. Zu dieser Geschichte gehört auch, daß nicht alle in einer Sprachgemeinschaft diese Bedeutungsveränderungen nachempfinden. Also möge sich keiner, der sich als schwul bekennt, wundern, daß dann einige, wahrscheinlich noch immer die Mehrheit, dieses Wort als anstößig empfinden.

Im Mittelalter wurde geil als fröhlich gebraucht. Dieser Sinn hat sich in einigen deutschen Mundarten, wie der der Siebenbürger, bis in die ersten Jahrzehnte unseres Jahrhunderts gehalten, als geil im allgemeinen Verständnis eher zu den Begriffen gehörte, die manche Leser in bestimmten Romanen suchten. Vielleicht wegen der Lust am Widerspruch, der in jeder Jugendsprache liegt - oder wegen ihrer größeren Unbefangenheit gegenüber der Sexualität - gebrauchten junge Leute „geil" ohne Hintergedanken. Sie loben mit „geil" etwas, was ihnen gefällt, eine Weile, augenzwinkernd verstärkt als „affengeil“, was wenig mit geilen Affen zu tun hatte. „Geil“ etwa so eingesetzt wie „stark“.

Ein anderes Beispiel für sprachlichen Bedeutungswandel aufgrund größerer Unbefangenheit ist Kondom, vor der Aids-Zeit eine Sache im Halbdunkeln, allenfalls der Hygiene („Männer schützt Eure Gesundheit“). Unterdessen ist das Wort salonfähig. Mehr noch, von der Häufigkeit des Gebrauchs dieses Wortes her gesehen, leben wir unterdessen in einem wahren „Kondominium“.

Unpersönlich und im Prinzip

Nicht nur an rheinischen Theken ist es immer wieder zu hören, daß jemand etwas „persönlich“ oder „ganz persönlich“ meint: „Ich persönlich meine“. Dabei ist Meinung immer persönlich. Aber vielleicht ist das ein listiges Eingeständnis, daß es auch Meinungen gibt, die zwar verbreitet werden, aber gar nicht persönlich, sondern unpersönlich sind. Weiter östlich ist öfter zu hören: „Im Prinzip ist das so und so“. Damit umgeht man, sofort zu sagen, wie es wirklich ist, ganz hübsch prinzipienlos. Vergleichbar unpersönlich ist mutmaßlich eine andere Angewohnheit. Viele sagen nicht mehr „meine Freunde“ oder „unsere Freunde“, sondern „Freunde von mir“, „Freunde von uns“. „Mein Freund“ bringt allerdings mehr Nähe als ein „Freund von mir“.

Stückweit

In Podiumsdiskussionen und Akademietagungen hört man immer wieder, ich denke „ein stückweit". Sei dies so oder so, ich bringe mich „ein stückweit ein". Das ist der aufgeblasene Jargon der Bildungsbeflissenheit. Der hat nichts mit Friedrich Schillers Sprachkraft zu tun: „Laß Dir ein Stückchen aus meinen Bubenjahren erzählen". Erinnert, vor allem in Akademien, eher an das biblische Wort „unser Wissen ist Stückwerk".

Ex

Ex ist nicht nur die lateinische Präposition, die manche früher paukten, im rhythmischen Singsang -a und ab, e, ex und de, cum und si- ne, pro und prae. Ex heißt lateinisch aus. Daraus wurde umgangssprachlich aus und vorbei, zu Ende. Salopp machten die Mediziner daraus den endgültigen Abgang - ex für tot. Häufig wird ex als Vorsilbe gebraucht, um frühere Verhältnisse zu kennzeichnen: Ex-Minister oder Ex-Kanzler. In der jüngsten Zeit hört man es immer häufiger und ohne jeglichen Zusatz für geschiedene Eheleute. Also nicht mehr nur mein „Ex-Mann" oder meine „Ex-Frau", „meine Ex". Manchmal fast zärtlich: „Exi". Gelegentlich trinken manche dieser Ex-Partner darauf sogar ein Glas „ex", leeren es bis zur Neige.

Ehrlich und echt

Ehrlich, immer öfter hört man ehrlich oder „echt“. Oder „hundertprozentig“. Das heißt aber nicht, daß wir immer ehrlicher und echter werden. Vielleicht im Gegenteil, ehrlich: „Wenn ich ehrlich bin“, sagen manchmal Politiker, „wird es wohl anders werden, als wir alle gedacht haben.“ Das ist wenigstens ehrlich. „Ich lüge nur ungern“, sagte unlängst der niedersächsische Ministerpräsident Gerhard Schröder. Ehrlich, das erinnert an Adenauers Abstufungen der Wahrheit, von der reinen Wahrheit bis zur Notlüge. Ehrlich, das hat nichts mit dem „Ährlich“ an der Ruhr zu tun, wie es Jürgen von Manger über Westfalen und das Rheinland hinaus populär gemacht hat. Ehrlich, ährlich gefällt mir besser als der häufig unehrliche Gebrauch von ehrlich. Ehrlich, machen wir die mündliche Sprache wieder ehrlich. Ehrlich währt am längsten. Ehrlich, das hilft mit, daß der Ehrliche nicht länger der Dumme ist.

Ultimativ

Ultimativ kommt von Ultimatum, der Aufforderung, binnen einer Frist eine Angelegenheit befriedigend zu lösen. Dabei werden harte Maßnahmen angedroht, falls der Aufforderung nicht entsprochen wird. So beschreibt es der Duden richtig. In der Umgangssprache, vor allem in der Jugend und in der Werbung, hat sich ultimativ verselbständigt und verändert. Telekom wirbt zum Beispiel mit dem „ultimativen Online-Dienst“. Gemeint ist damit der letzte Schrei, etwas besonders Großartiges. Vielleicht ist es dennoch möglich, ohne daß ein Ultimatum gestellt wird, ultimativ - zumindestens in der geschriebenen Sprache - nicht „ultimativ“ - zu gebrauchen.

Genau

Noch eine Mode: Immer wieder hört oder liest man, daß ein Ereignis „genau“ vor hundert oder fünfzig Jahren stattgefunden habe. Warum sagt man das? Wer es wirklich weiß, weiß, daß es nicht ungenau vor hundert Jahren gewesen ist. Oder ist man sich in einer Zeit der Ungenauigkeiten erst dann sicher, wenn bekräftigend und bestätigend „genau“ eingeführt wird? Vielleicht ist dies aus der gesprochenen Sprache übernommen worden, in der manche Behauptung mit einem flotten „Genau!“ bestätigt wird. Das ist mir genau gestern in den Sinn gekommen.

Angedacht

Diese Überschrift ist kein Schreibfehler. Es ist nicht die Rede von Andacht, sondern von „andenken“, einem der „Un-worte“ unserer Zeit. Zu oft wird nicht mehr gedacht, sondern nur noch angedacht im Stil der neuen Unverbindlichkeit. Nebenbei ist „andenken“ ein Hinweis mehr auf den Sinn unserer Groß- und Kleinschreibung: Ein „Andenken“ ist ein Erinnerungsstück, ein Hilfsmittel, um an etwas zu denken; „andenken“ dagegen nur ein Modewort des - „gedankenlosen Denkens“.

Gestorben

In die Umgangssprache hat sich die leichtfertige Redewendung eingeschlichen, diese oder jene Verabredung, wichtigtuerisch „Termin“ sei „gestorben“. Auch mancher Zeitungsartikel „stirbt“ schon vor seiner Veröffentlichung, da die Ereignisse nicht den Erwartungen entsprachen. Wer die Sprache beim Wort nimmt, kann manches Wunder erleben.

Eines nun schon ferneren Tages rief die Sekretärin des zu seinem Kanzler schreitenden Staatssekretärs und Regierungssprechers Klaus Bölling: „Meroz gestorben.“ Bölling hat in jenem Augenblick verdrängt, daß er mit dem damaligen israelischen Botschafter verabredet und lediglich die Aufkündigung der Verabredung gemeint war. Er ging ins Kabinett und flüsterte seinem Kanzler Helmut Schmidt die vermeintlich traurige Botschaft zu. Schmidt erhob sich und würdigte Leben und Werk des Diplomaten. Jochanan Meroz erfuhr wenig später von den bewegten Worten des Kanzlers. Seither gehört er zu denen, die ihre Leichenrede kennen, was langes Leben bedeuten soll und für uns den Hinweis, genauer zu sprechen und zuzuhören.

Top

Manche Modeworte sind von ansteckender Kraft. Nachdem der mutmaßliche Mörder Carlos dingfest gemacht worden war, wurde plötzlich fast überall vom „Top-Terroristen“ gesprochen und geschrieben. Selbst der Generalbundesanwalt redete so. Top, englisch Spitze, ist für diesen Täter ein viel zu guter Begriff. Er verharmlost seine Verbrechen und stellt ihn in eine Reihe mit Top-Manager oder Top-Model. Topp, die Wette gilt: Solche Worte werden zu oft topless, oben ohne, will sagen, gedankenlos gebraucht.

Jedoch

Ist das schon eine beruflich bedingte Verformung des Denkens? Warten Journalisten nur darauf, daß etwas Schlimmes und danach noch etwas Übleres geschieht? Daß also nur die schlechte Nachricht die gute Nachricht sei? Das könnte man manchmal meinen, wenn in den Rundfunknachrichten der Sprecher in forschem Ton mitteilt, in der Stadt X sei ein Haus angezündet worden, es sei *jedoch* niemand verletzt worden. Warum „jedoch"? Es genügt die Mitteilung, daß niemand verletzt worden ist. Dieser Jedoch-Jargon verrät eine Erwartungshaltung der Sensationslust.

Denkste

Immer wieder hört man in Gesprächen und Diskussionen, daß jemand einen Satz bedeutungsvoll so beginnt: „Ich denke …" Das ist eigentlich vorauszusetzen, wenn jemand redet. Oder handelt es sich hierbei um das Verfertigen der Gedanken beim Sprechen? Oder aber ist dieses gespreizte „Ich denke" nichts anderes als der Ersatz für das „Äh,äh" und „Öh, öh" oder wie die Füllsel sonst noch lauten mögen. Wer dauernd sagt „ich denke", der sollte an den Volksmund denken: „Wenn du denkst, du denkst, dann denkst du nur, du denkst." Oder noch kürzer: „Denkste". Ich denke, die Leser und Leserinnen verstehen, was der Schreiber damit sagen will.

Besser Verdienende

Die „Besserverdienenden“ - das gehört zu den Kampfworten des Neides. Übrigens: Die Beschönigungsworte des Geizes wie „freisetzen“ oder „abschmelzen“ sind nicht besser. Am schlechtesten wird es, wenn Neid und Geiz sprachlich eine große Koalition eingehen: „Nullwachstum“.

Die wieder vor der Fünf-Prozent-Hürde des Wahlrechtes zitternde FDP wollte diesem Kampfwort den Stachel nehmen und es ironisch gegen seine linksgerichteten Urheber wenden. Sie wollte dies auf hohem Niveau tun, dem der Ironie, und für die „Besserverdienenden“ in ihrem Programm Partei ergreifen. Aber sie bekam Angst vor der eigenen Courage und strich die Gänsefüßchen wieder, wissend, daß Anführungszeichen in der Regel die der deutschen Sprache fehlenden Ironiezeichen nicht ersetzen können. Vielleicht hätte sie sich damit helfen können, statt von ihrem Einsatz für die „Besserverdienenden“ zu schreiben, daß es ihr darum gehe, eher „besser Verdienende“ als arme Schlucker zu haben.

Aber unsere Parteien wollen sich immer ähnlicher werden, auch sprachlich, weshalb selbst die FDP im Wahlkampf auf Scherz, Satire, Ironie und tiefere Bedeutung verzichtet. Auch deshalb ist es ungewiß, ob sie am Ende mehr Stimmen bekommt, als sie verdient, oder mehr verdiente, als sie bekommt.

Jack Pot

Wer oder was ist Jack Pot? Überall hört man diesen Namen und sieht Leute seinetwegen Schlangestehen. Der Duden klärt auf: Jack Pot sei kein Eigenname, sondern Jackpot und komme aus dem Englischen; dies sei der Grundeinsatz beim Pokerspiel oder eine besonders hohe Gewinnquote beim Lotto, wenn es in den vorausgegangenen Spielen keinen Gewinner im ersten Rang gegeben habe. Das beantwortet noch nicht, warum der Jackpot Jackpot heißt und nicht Jim-, Jonny oder Jonaspot. Also fragen wir weiter. Der Stenographische Dienst des Bundestages weiß in der Regel alles. Der dorthin aus Aachen gekommene Karl Stettner antwortet mit dem Mutterwitz seiner Stadt: „Der erste, der sechs Richtige hatte, hieß Jack und steckte das Geld sofort in seinen Pott." Also eine rheinische Erklärung wider den tierischen Ernst. Demnach könnte Jack auch Jeck heißen. Denn jeder Jeck ist anders. Vor allem am Freitag beim Schlangestehen vor dem Pott, wo man unterdessen selbst Grafen sieht, von denen man niemals gedacht hätte, daß auch sie am Gelde hängen. Eine gebildete ältere Dame sagte übrigens bei dieser Frage, sie nehme an, daß der „Schäckpott" eigentlich verballhorntes Französisch sei, vom „pot-aux-chèques" (gesprochen po-toscheck), also in Wirklichkeit ein Scheckvorrat sei.

Vielleicht wird der Jackpot tatsächlich an einem Wochenende für eine(n) zum Scheck-Pott. Vorher aber auf jeden Fall zum Checkpoint (Ort der Prüfung) von Geduld und Charakter. Mutmaßlich ist aber am nächsten Freitag an allen Lottostellen das gleiche endlose Check-in, das vergebliche Warten auf Jack Pot.

Flieger

Die Menschen, die lieber ordern statt bestellen, keine Fahrkarten mehr kennen, sondern nur noch Tickets, gelegentlich ihren Flug nicht absagen, sondern „canceln“ (gesprochen känzeln) müssen, die fliegen nicht mit dem Flugzeug, die fliegen „mit dem Flieger“. Manche sagen auch, „da habe ich den Flieger nach New York genommen“, als sei der Flieger eine Sache oder das Flugzeug ein Mensch. Diese Sprache ist Ausdruck eines Binnengefühls der Zugehörigkeit zu einer vermeintlich höheren Klasse, will sagen First class. Die Wiener würden sagen zu einer „Adabei-Gesellschaft“. Man ist auch dabei (a dabei), wenn man mit dem Flieger fliegt, in einer unerhörten Leichtigkeit des Seins. Über den Wolken wird die Freiheit wohl grenzenlos sein. …

Anrufbeantworter

„Kein Schwein ruft mich an, keine Sau interessiert sich für mich…“ Dieses neue Lied im Stil der 20er Jahre ist nur eine der musikalischen Antworten, die man am Telefon von Anrufbeantwortern hören kann. Für immer mehr Zeitgenossen ist der Anrufbeantworter ein Hilfsmittel im Beruf und Privatleben, oft auch ein Zeichen immerwährender Erreichbarkeit und damit Bedeutung, beinahe wie ein „Handy“.

Manchmal ist der Anrufbeantworter das Gegenteil von dem, was er verspricht zu sein, also ein Antwortvermeider. Telefonbesitzer lassen ihn laufen, um vorzuspiegeln, sie seien abwesend. Aber sie sind da, wollen sich nur nicht melden, abgeschirmt von ihrem elektronischen Butler.

Dieses Gerät regt aber auch den sprachschöpferischen Spieltrieb an. Zum Beispiel: „Na, na, na, beinahe hätten Sie aufgelegt, nur weil xyz nicht an seinem Schreibtisch sitzt. Bitte hinterlassen Sie eine Nachricht, er ruft Sie umgehend zurück.“ Oft ist vom „Piepston“ die Rede, nach dem man sprechen soll, was manchen Leuten prompt die Sprache verschlägt.

Unlängst habe ich einen Anrufbeantworter kennengelernt, der schaltete schon nach wenigen Worten ab, war also nur etwas für Schnellsprecher oder für den neuen Tagestarif der Telekom. Netter ist einer, der den Anrufer mit einem friesischen „Moin moin“ begrüßt, um dann plattdeutsch anzubieten, daß man auch hochdeutsch mit ihm snacken könnte. Eine andere Familie denkt und fühlt offenkundig indianisch und durchaus selbstbewußt: „Der große Manitu meint es nicht gut mit Ihnen“, weil „Häuptling M. und seine Squaw“ nicht in ihrem Wigwam seien. Aber sie wollen natürlich wissen, „wer Rauchzeichen gibt“.

Deutsch-lish I

Die sprachempfindlichen Franzosen können sich der sprachlichen Invasion aus England und Amerika kaum noch erwehren und klagen, daß viele dieser Modewörter nicht mehr französisch, sondern „franglais“ seien (zusammengesetzt aus *anglais* für englisch und *français* für französisch). Demnach reden viele von uns nicht mehr deutsch, sondern deutsch plus english, also deutsch-lish. Wir treten nicht für Deutschtümelei ein, sondern fragen, ob es notwendig ist, statt ins Geschäft in den *Shop* zu gehen, statt auf den Flughafen zum *Airpor*t. Man ißt nicht mehr, man geht zum *Dinner* oder *Brunch*. Kinder sind *Kids*. Und Schlagersänger gehören zu den *Top Ten* in den *Charts*. Wer so redet und wirbt, glaubt, *in* und *cool* zu sein, keineswegs *out*. Ein neues Modewort ist *light*. Je nach landsmannschaftlicher Herkunft der deutschen Sprecher *leit* oder *leid* gesprochen. Cola-*light*, Bier-*light*, Wein-*light* und nun auch noch das Auto-*light*. Ein *Highlight* nach dem anderen. Alles sprachliche *Light*-Gewichte. Oder wie der Volksmund sagt: Es gibt kein größer Leid *(light)*, als was der Mensch sich selbst andeit.

Deutsch-lish II

Neuerdings nennt sich der Zusammenschluß von Bundesbahn und Reichsbahn „Deutsche Bahn". „Die Bundespost - deutsche Post" Der Bund geht, „Deutsch" ist im Kommen. Aber die Deutsche Bahn kann kein Deutsch, sie bedient sich des modischen Kauderwelschs. „Deutsch-lish": Bahn-*Card* statt Bahnkarte. Der ICE wird als *„High-Tech-Zug"* der Deutschen Bahn angepriesen. Nach dieser Sprachlogik müßte er eigentlich *„High-Tech-Train"* heißen. Die jüngste erfreuliche Neuerung für die Reisenden sind die *„InterCity-Night"*-Züge zwischen Berlin und Bonn sowie zwischen Berlin und München, in denen es auch eine *„Tourist-Class"* gibt. Warum nicht „Nachtzüge"? Das deutsche Wort klingt poetischer.

Etwas anderes ist es, wenn wir in Europa immer mehr Informationen in verschiedenen Sprachen geben, aber bitte nicht als Mischmasch. Da war die „alte" Bahn Vorbild mit ihrem Hinweis, sich nicht aus dem Fenster hinauszulehnen. Diese Warnung wurde korrekt französisch, englisch, italienisch oder russisch gegeben. Aber heute kann man sich im ICE-*High-Tech-Night-Train* nicht einmal mehr in der *Tourist-Class* aus dem Fenster lehnen.

Bänking

Auch andere passen sich an: Von der BahnCard im Intercity Night wie gesagt, bis zur neuesten Errungenschaft, dem Banking (gesprochen Bänking). Das ist keine Stadt in China, sondern die bequemere Art, Bankgeschäfte zu Hause am Telefon abwickeln zu können. Deshalb auch Telefon-Banking oder Home-Banking. Vielleicht findet ein Braintrust in einem Brainstorming doch noch passende Wörter aus unserer Sprache, wenigstens für einige Words and Windows.

Euro

Europa und europäisch - diese Begriffe sind nicht nur bei den Europäern gut besetzt. Anders ist es beim Kürzel Euro. Das trägt durchaus schillernde Farben, wird nicht von vornherein gut aufgenommen. Die Politiker waren schlecht beraten, weil sie unser Geld künftig, der Mode des Abkürzungszwanges folgend, nur noch Euro nennen wollen. Dieses Eurogeld kann dann einen ähnlichen Klang wie Eurocity, Eurocontrol, Euronet, aber auch wie Eurosklerose oder Europalette haben, ist für manche vielleicht sogar eine Spielart des Eurokommunismus, auf jeden Fall etwas für Eurologen und Eurokraten. Hoffentlich wird es so viel wert sein wie jetzt der Eurocheque mit der Eurocard. Besser wäre es, wenn wir bei Mark und Pfennig geblieben wären. Gerade auf diesem Feld sind Begriffe mehr als Schall und Rauch.

Computer

Mit der Sprache der Computer ist nicht die eigentliche elektronische Zeichensprache, das Rechenwesen dieses herrschenden und dienenden Instruments unserer Zeit gemeint, sondern die verbale Sprache, mit der sich der Mensch des Computers bedient - von der Maus bis zum Speicher. Dies sind übrigens zwei Worte, die beweisen, daß die Nutzer der Computer eben nicht nur „User“ (englisch) sein müssen, sondern die englische Computersprache ohne Krampf eindeutschen könnten. Wir stehen immer in der Versuchung zwischen deutschtümelnder Sprachreinigung und totaler Anpassung, was von der gefährlichen Mischung unseres Nationalgefühls herrührt aus Unterlegenheitsgefühl und Überheblichkeit.

Dieter E. Zimmer hat sich in der „Zeit“ die Mühe gemacht - von Software bis Hardware - der Einbürgerung der Computersprache in die einzelnen Muttersprachen nachzugehen. Um zu testen, wie gut das jeweilige Einbürgerungssystem funktioniert, hat er bei sieben europäischen Sprachen den Umgang mit sechzig der gebräuchlichsten Computerbegriffe verglichen. „Alle Sprachen sind hier dem gleichen Druck ausgesetzt ... Es handelt sich ... um eine neue Welt voller neuer Dinge, für die keine Sprache Namen hatte und die alle einen Namen benötigen.“ Dieser Jargon sei zwar eine Fachsprache, aber im Computeralltag gehe von ihr ebenso Alltagssprache aus.

Das Ergebnis: Franzosen: (82 %), Schweden und Spanier (59 %), Italiener: (58 %), Deutsche: (50 %) - in diesem Ausmaß ist es den jeweiligen Sprachgemeinschaften gelungen, den englischen Computer-Code in die eigene Sprache

zu übertragen. Zimmers Schlußfolgerung: „Französisch, Schwedisch und Spanisch sind danach die intaktesten europäischen Sprachen, Deutsch und Italienisch die kaputtesten." Er führt dies auch darauf zurück, daß Italien und Deutschland das gebrochenste Identitätsbewußtsein hätten. Selbst wer dieser These nicht zustimmen kann, wird über sie nachdenken. Insgesamt jedoch hat sich bisher die deutsche Sprache als stark genug erwiesen, die meisten fremden Wörter seit den Griechen und Römern so einzudeutschen, daß sie am Schluß nicht mehr als fremd empfunden wurden. Lassen wir unser Fenster getrost für die Computer offen. Fenster stammt übrigens vom römischen *fenestra* ab.

Druckfehler und andere Phantome

Der Druckfehlerteufel, jener Beelzebub der Worte, Zeilen, Absätze, geht seit Gutenberg um und stiftet auch im Computerzeitalter Verwirrung. Dem Chronisten ist er mehrfach begegnet, er schien ihn förmlich anzuziehen.

Manchmal aber erreichen solche Fehlleistungen Abdruckerfolge. Ich erzielte sie einmal in der „Welt“ und in der „Zeit“. In einem Bericht über Herbert Wehner hatte ich diktiert, Wehner habe über die Opposition in der DDR gesagt „Wer opponiert, weiß, was er riskiert.“ Die Sekretärin verstand - wortschöpferisch - „opportunieren“. Ich las das Fernschreiben nicht mehr durch, und der Kollege in Frankfurt dachte, aha, ein typisches Wehner-Wort und machte daraus treffsicher die Überschrift.

Der „Welt“ gefiel das Wort so gut, daß sie es, ohne Quellenangabe, am nächsten Tag zitierte: „Wenn ich opportuniere, weiß ich, was ich riskiere.“ Am übernächsten Tag brachte sie, diesmal mit Hinweis auf die F.A.Z., die Berichtigung: „Wenn ich opponiere, weiß ich, was ich riskiere, sagte der SPD-Vorsitzende Wehner am Wochenende vor dem Zentralverband der Mittel- und Ostdeutschen in Bergneustadt. Ein Übermittlungsfehler hatte daraus opportunieren gemacht.“ Aber nicht selten fährt dieser Teufel in die Redakteure, dann beckmessern sie Fehler in die Korrespondententexte hinein. Alles Fälle für die „Fehler-Linguistik“ des Professors Cherubim in Braunschweig.

Es gibt Leser, die mögen diesen Dämon. Ob der evangelische Christ und sozialdemokratische Politiker Eppler ihn mag, steht dahin. Doch auch in Eppler fuhr der Dämon. Eigentlich hatte sein Vorsitzender Brandt nur ironisch den

Zustand seiner Partei beschreiben wollen, indem er sagte, die SPD beschließe von Zeit zu Zeit ein „kräftiges Sowohl-als-auch". Dennoch traf Willy Brandt damit den Charakter seiner Politik: „Sowohl für Schmidt als auch gegen ihn", zum Beispiel. Und ähnlich verhielten sich zwei „Vordenker" jener Partei, als sie nach zwei Jahren Arbeit in der „Grundwertekommission" eine umfängliche Studie zu „Arbeiterbewegung und Wertewandel" vorlegten. Daraus holte sich Erhard Eppler die mehr grünlich gründelnden Punkte und sein Gegenpol Richard Löwenthal diejenigen, die eher an das Rot oder das Arbeiterblau der SPD als Fortschrittspartei des industriellen Zeitalters erinnerten. Sagte Eppler, der ehemalige Lehrer, in jener Pressekonferenz: „Schlagen wir doch einmal Seite X auf", so riet Löwenthal zur Seite Y, um aus derselben Publikation sein Gegenbild zu untermauern. Diesen geistigen Zustand einer „Sowohl-als-auch-Partei" erkannte vielleicht einer jener Setzer, mit deren Kenntnissen und Selbstbewußtsein die SPD einst die Arbeiterbewegung aufgebaut hatte. Deshalb war in der Broschüre namens „intern" für die Mitglieder nicht mehr vom „Wertewandel" zu lesen, sondern vom „Wertehandel": „Neues Papier der Grundwertekommission: Arbeiterbewegung und Wertehandel" stand da fettgedruckt.

Diese Dämonen spuken aber auch auf andere Weise, zum Beispiel als Erzeuger von Phantom-Figuren.

Der legendäre Legationsrat außer Diensten, Dr. Edmund Dräcker, hat in der Wirtschafts- und Währungspolitik einen ebenbürtigen Kollegen gefunden. Karlheinz von den Driesch, der Sprecher von Bundesfinanzminister Waigel, hat ihn entdeckt. Der Herr heißt Werry van Dementel. Trotz seines niederländischen Namens ist er Deutscher, ja

er ist Bonner Herkunft wie Ludwig van Beethoven. In diesem Fall, so sein Finder von den Driesch, wurde er gezeugt und geboren zugleich: „In einer jener frustrierenden Schreibkanzleien, in denen junge Damen den ganzen Bürotag lang Stöpsel im Ohr haben, um nach der Tonbandstimme ihrer Herren ihre Schreibgeräte mit oft unverständlichen und unverstandenen Ausdrücken zu füttern“. Aus einem englisch diktierten „very fundamental“ entstand der neue Bönnsche Mitarbeiter Werry van Dementel - ein Name, der nach Karriere riecht, gut für einen Regierungssprecher oder einen Botschafterposten in der Türkei.

Werry van Dementel hat übrigens einen Vetter in England. Wie die „Neue Stenographische Praxis“ in ihrem ersten Heft des Jahres 1984 mitteilt, ist in der Übertragung eines englischen Amateurstenographen ein „Mister Andrew Potts“ entstanden. Gemeint war „Andropow“, der verstorbene sowjetische Generalsekretär.

Es gibt auch einen Dämon der Stenographen. Er verwirrt sie manchmal so sehr, daß für sie das Volkswort gilt: „Hab's geschrieben, kann's nicht lesen, bin ein rechter Ochs' gewesen.“ Zum Beispiel: Die Parlaments- und Verhandlungstenographen, die aus dem gelegentlich sehr mündlichen Kauderwelsch von Parlamentsreden wohlgesetzte stenographische Berichte fertigen und dabei dennoch Sinn und Tonfall der Rede wiedergeben, haben einmal das Kompliment der Bundestagsvizepräsidentin Annemarie Renger zu hören bekommen, die Politiker seien „nicht nur in Gottes, sondern auch in Ihrer Hand“. Frau Renger, die selbst einmal Stenographie gelernt hatte, erinnerte an den glücklicherweise ausgestandenen „Stenographenkampf“ zwischen den Vertretern der Methoden Stolze und Gabelsber-

ger. Und sie erzählte eine von Theodor Heuss überlieferte Anekdote, wonach sich zwei Deutsche nördlich von Peking kennengelernt und in ihrer Einsamkeit sogar überwunden hätten, daß der eine ein Preuße und der andere Bayer, der eine Protestant und der andere Katholik war. Als sie jedoch gemerkt hätten, daß der eine nach Gabelsberger und der andere nach Stolze stenographierte - „da haben sie sich nie mehr in ihrem Leben gesehen".

Sprache der Wissenschaft

Selbst junge Semester schreiben in ihren Seminararbeiten schon so, als wären sie Gelehrte der alten deutschen Schule - also möglichst vorsichtig, Autoritäten zitierend, Fußnoten wie die folgende schon unter der Hauptzeile anbringend: „Eine solche Untersuchung kann primär nicht philologisch-morphologisch orientiert sein, sie muß vielmehr andere Felder einbeziehen. Allerdings sind die Beziehungen dieser Untersuchung nicht immer exakt nachprüfbar." Und so weiter.

Ein Beispiel unter vielen - germanistisch statt deutsch. Dieser Stil wird auch dadurch gefördert, daß in Deutschland noch immer Gelehrsamkeit mit Langeweile verwechselt wird. In anderen Kulturkreisen, dem romanischen und dem angelsächsischen, wäre die Notiz eines Hochschullehrers undenkbar, der einmal unter eine Seminararbeit geschrieben hatte (und mancher würde das heute noch schreiben): „In den wissenschaftlichen Ergebnissen sehr gut, aber zu journalistisch formuliert. Deshalb befriedigend." Das verdirbt die Sprache der Wissenschaft.

Grenzen der Werbung

Die Werbung spricht vor allem mit ihren Bildern. Was also war die Botschaft - oder wie die Werbeleute neudeutsch sagen, die Message - der auf Litfaßsäulen und Werbetafeln in regelmäßigen Abständen zu sehenden Schreckensbilder der schicken Firma Benetton? Angeblich will sie damit gegen den Strom der Gleichgültigkeit schwimmen und keine heile Welt vorgaukeln. Andererseits aber hat sie unverwandt das Ziel im Auge, Aufmerksamkeit für ihre Waren zu gewinnen. Dabei genießt sie Gestaltungs- und Meinungsfreiheit. Aber diese Freiheit ist nicht schrankenlos, wenn sie nicht nur die Grenze des guten Geschmacks, sondern die Würde des Menschen berührt. Diese Würde ist für viele dadurch verletzt, daß gerade in den Tagen, da es um Aidsverseuchte Blutkonserven ging, überall in deutschen Städten ein nackter Körper abgebildet war, auf dem ein bläulicher Stempel „HIV positive“ wie bei einer Fleischbeschau von Tieren zu sehen war. Aber es handelte sich um Werbung für Textilien von Benetton.

Eine solche Bild-Sprache überschreitet die Grenzen des guten Geschmacks und verletzt darüber hinaus die geschriebenen und ungeschriebenen Selbst-Regelungen der Werbung.

Das Wetter

Was von seiner journalistischen Sprache bleiben werde, wurde Friedrich Nowottny einmal gefragt. Er lächelte und sagte: „Das Wetter." So hatte er früher verschmitzt von seinem ARD-Bericht aus Bonn auf das Wetter übergeleitet. Die Sprache des dann folgenden Berichts war allerdings so wie die meisten Wetterberichte, die wir lesen oder hören, voll amtlicher, beinahe bürokratischer Wichtigkeit, aber auch unverbindlicher Ungenauigkeit, hatte nichts von Nowottnys ironischer Heiterkeit. Da war und ist nicht von Regen die Rede, sondern von „strichweise Niederschlägen", nicht von schlechtem Wetter, sondern von einem „rasch durchziehenden Tief", nicht von Sonnenschein, sondern „Zwischenhocheinfluß". Diese Sprache ist so wenig plastisch, daß kein Rundfunkhörer aufhorchen würde, wenn eine sonore Stimme verkündete: „Nachts dunkel, tagsüber einzelne Aufhellungen." Unterdessen gibt es eine ganz andere Sprache des Wetterberichts, die der Show, der „Weather-Show". Locker und flockig, mehr aus dem Bauch heraus, mit „Blumenkohlwolken" und unbekannten Ortsnamen, um auch den entlegensten Gegenden des „SWF-3-Landes" zwischen Bodensee und Kölner Bucht das Gefühl der Nähe zu vermitteln. Jörg Kachelmann hat diese Mode zuerst im Radio und danach im Fernsehen durchgesetzt. Er ist längst nicht mehr der einzige „Wetter-Man". Sie ziehen nun auch in die Zeitungsredaktionen ein.

Darüber sollte die älteste Wettersprache nicht vergessen werden, die der Bauernregeln. Sie sagen es klarer und stimmen immer: „Kräht der Hahn auf dem Mist, ändert sich's Wetter, oder es bleibt, wie's ist."

Speisekarten

Die Sprache einiger Speisekarten und die mancher Gastronomie-Autoren verbindet das Kauderwelsch. Fast jeder Italien-Tourist hat schon einmal erlebt, was aus der Sprache Goethes im Lande Dantes in Gasthäusern, aber auch in touristischen Führern und selbst in mehrsprachigen Kunstbüchern veranstaltet wird. Da sind die Würstchen mit Kraut „Wurstel con krauti“ - was noch ein sprachlicher Lichtblick ist.

Aber auch auf deutschen Speisekarten findet man viele Merkwürdigkeiten. So gibt es seit einiger Zeit in Häusern, die etwas auf sich halten, Fleisch oder Fisch nicht mehr „mit“ etwas, - mit Reis, mit Kartoffeln, Knödeln oder Klößen, Salaten oder Gemüse. Nein, da muß es heißen Forelle *an* Fenchel, Schnitzel *an* Feldsalat, Käse *an* Salaten, an, an, an ...

Die Sprachforscher haben dafür noch keine einleuchtende Erklärung. Auf jeden Fall klingt es so, als halte jemand seine feine Tee- oder Kaffeetasse mit hoheitsvoller Blickflimmerung, edlem Ellbogenschwung und gespreiztem kleinem Finger. Da aber die Speisekarten aller Länder oft von jenen tüchtigen Helfern geschrieben werden, die der jeweiligen Sprache nicht ganz mächtig sind, könnte es sein, daß diese An-Salaten-Mode nichts anderes ist als ein ursprünglicher Schreibfehler, den andere nachgemacht haben.

Nomen est omen

Es gibt die Theorie, daß Namen eine vorausdeutende Kraft für die Berufswahl haben könnte. Es sei also kein Zufall, daß zum Beispiel Ärzte so heißen, wie sie sind oder sein wollen, wie das, was sie verhindern oder herbeizuführen versuchen. Also: Grube, Wehmüller, Fleischhauer, Gallenkemper, Jungbluth, Mager, Hundertmark.

Davon abgeleitet kann man Namensträger, zum Beispiel Politiker, grob in zwei Kategorien einteilen, in solche gleichen und solche ungleichen Namens. Kohl zum Beispiel ist wegen Leibesfülle und Dauerhaftigkeit ein Abgeordneter gleichen, Penner wegen geistiger Lebendigkeit einer ungleichen Namens. Blüm einer gleichen, Rau einer ungleichen Namens. Woraus man schließen kann, daß manche Menschen durch ihren Namen herausgefordert werden, das Gegenteil dessen zu tun, was ihr Name verspricht.

Nomen est omen: Namen bedeuten etwas und deuten manchmal manches.

Zeichensprache

Zwischen Stinkbombe, stinkfein, Stinkfritz, stinkig und Stinkwut hat der Duden bisher keinen Platz für den „Stinkefinger". Aber diese Geste hat, wenigstens im Fall des Fußballstars Effenberg, mit Stinkwut zu tun. Hätte er nicht den Mittelfinger gereckt, sondern die Zunge herausgestreckt, wäre das auch eine obszöne Geste gewesen? Aber was sind obszöne Gesten? Darüber zerbrechen sich Volkskundler, Psychologen, Beichtväter und Trainer schon lange die Köpfe.

Selbst wenn Effenberg nur mit dem Finger an die Stirn oder die Schläfe getippt, also den Vogel gezeigt hätte, wäre er geflogen. Denn er hatte seine Grenzen gegenüber Trainer und Mannschaft schon vorher überschritten. Da gab jene Gebärde den Rest.

Zurück zu den Gesten, der Sprache ohne Worte: Das Vogelzeigen, eine Zeitlang als deutscher Autofahrergruß bekannt, kann rechtlich geahndet werden, gilt als Beleidigung. Apropos V wie Vogel: Hätte Effenberg beim Abgang seine Finger zu einem V über seinen Kopf gereckt, hätten dies die Angelsachsen unter den Zuschauern als Victory, als Siegeszeichen, begriffen. Die Italo-Amerikaner jedoch dasselbe V aus zwei Fingern als „cornuto" gedeutet, also vielleicht ebenfalls „obszön", als habe Effenberg jemandem die Hörner aufgesetzt. Auch Körpersprache kann mißverstanden werden, gerade wenn sie eindeutig ist.

Sprechgesang oder das Geheimnis der Musik

Die Sprache wird bei bestimmten Gelegenheiten nicht nur gesprochen, sondern gesungen. Bei manchem Sprechgesang, wie dem des früheren Regierungssprechers Klaus Bölling, fehlt da nur noch ein Cembalo. Vielleicht war solcher Sprechgesang der Ursprung der Oper. Aber auch die Orchestermusik hört auf die Sprache. Was wären beispielsweise Beethovens symphonische Schicksalsschläge (Tatatata) ohne die rheinische Melodie des Gesprächs zweier Menschen über die Erziehung ihrer Kinder: „Darf dat dat? Dat darf dat! Dat dat dat darf?!"

Im Alltag äußert sich diese Sprechmusik auch in Gaststätten, wenn der Wirt Gäste, die er als besonders wichtig einschätzt, nicht mit einem gewöhnlichen „Guten Abend" begrüßt, sondern mit einem singenden „Abeend", mit Betonung auf der zweiten Silbe. Andere singen die vielen Variationen von Guten Tag bis Hallo, nicht zuletzt in Geschäften und an Kassen aller Art. Vielleicht war dies das Erfolgsgeheimnis der Serie von „Feinkost Zipp" im SWF3, wo das Radio etwas, das wohl alle schon gehört haben, ohne sich dessen bewußt zu sein, zu Gehör gebracht und damit bewußt gemacht hatte. „Morgeen!"

Kindersprache

Viele Eltern haben es sich vorgenommen und dann doch vergessen, die eigenwillige Sprache ihrer zwei- bis dreijährigen Kinder festzuhalten, die eine Zeitlang nur sie verstehen konnten. Da gibt es konsequente Lautverschiebungen, also individuelle Sprachgesetze, wie sie in der Geschichte ganze Sprachgemeinschaften erlebt haben. Von der römischen „porta" zur deutschen „Pforte" beispielsweise. In unserem Fall hatte ein noch nicht zweijähriges Mädchen aus jedem F ein G gemacht, aus dem Fisch einen „Gi", aus dem Fuchs einen „Gu". Das ist, verglichen mit den „klassischen" Lautverschiebungen, gar nicht so ungewöhnlich.

Erstaunlicher war da schon die Veränderung des W zum J, also „weit" „zu jeit", „Wald" zu „Jald". „Bibibi jeit jeit jep, bibibi jajald." Für die Eltern ganz klar: Elisabeth ist weit weit weg. Elisabeth ist im Schwarzwald. Schwieriger wird es für die Eltern, wenn die Kinder zu lautmalerischen Wortschöpfern werden. Wenn ein Schneeglöckchen zum „Lelulu" wird, ein Apfelsaft zum „Akiku", ein wichtiger Körperteil „Hodsa", die Zahnbürste, feierlich ausgesprochen, fast gesungen, Jajonde. Lange rätselten die Eltern, was das Mädchen wohl mit „Halla" meinte, bis Bibibi eines Tages am Bachlauf stand und auf das fließende Wasser deutete, mit beinahe vorwurfsvollem Gesicht, als wollte sie sagen, dazu, zu diesem fließenden Wasser, kann man doch nur Halla sagen. Danach hieß Wasser lange Zeit auch in befreundeten Familien „Halla", blieb das Reise-Necessaire bis heute „Ziné". Was ihre jüngere Schwester auf einem Schulausflug so selbstverständlich gebrauchte, daß ihre Kameradinnen sie nicht verstanden. Sie hatte vorausgesetzt, daß dieses Ding überall „Ziné“ heißen müsse. Vermutlich ist so auch unser Wortschatz angehäuft worden. Irgend jemand hat zuerst etwas benannt, was sich hielt und durchsetzte.

Leider dauert diese Zeit der Kindersprache nicht lange. Ernst Jandl, selbst ein Wortschöpfer und -spieler, hat es im Vorwort zum „Lexikon der Falschheiten“ (Luchterhand Literaturverlag) Kinder als Sprachkünstler gewürdigt: „Das werden sie mit zunehmender Beherrschung der deutschen Normsprache immer weniger sein und zuletzt überhaupt nicht mehr.“ Deshalb sei es wichtig, diese „vorübergehende Phase naiver Sprachkunst“ festzuhalten, nicht zuletzt „zum Vergnügen aller Leser, die der Sprache mehr abgewinnen können als ihren rein utilitarischen (nützlichen) Zweck“. Jandl hat das über ausländische Kinder geschrieben, die Deutsch lernen. Das gleiche gilt für viele deutsche Kinder, solange sie ihre eigene Sprache und noch nicht die von Luther und Duden sprechen. Viele Eltern können es mit anderen Beispielen bestätigen.

Danke

Einfach „danke“ zu sagen oder „Ich danke dir“, fällt offenkundig vielen schwer. Manche sagen: „Ich bedanke mich“. Sie lassen also in dem einem anderen Menschen zugewandten Dank gleich zweimal sich selbst vorkommen: Ich und mich. Diesem Geist entsprechen manche schriftliche Dank-Karten, wo jemand mit Stahlstich-Schrift schreiben läßt: Hans Meier dankt. Abermals steht der Dankende im Mittelpunkt und nicht die Person, der man dankt. Noch mehr verfremdet wird das Danken in der Sprache von Leuten, die sich wichtig nehmen: „Unsere Anerkennung gilt“, „unser Dank gilt“. Nein, unser Dank ist auch dann gültig, wenn er nicht ausdrücklich gilt. Danke oder dankeschön reichen meisten aus. Vielleicht ist es doch nicht so schwer, einfach danke zu sagen und zu schreiben, bitte.

Guten Rutsch

Ursprünglich sollte an dieser Stelle eine Glosse gegen den „Guten Rutsch" stehen. Ein Wort, das vielen zu oberflächlich erscheint, wenn man an das Verfließen der Zeit denkt. Aber ausgerechnet der Journalist, der früher vergeblich gegen den „Guten Rutsch" geschrieben hat, Gerhard Weck, belehrte uns zur rechten Zeit zwischen den Jahren: „Jetzt muß ich umlernen, denn der Rutsch ist eigentlich gar keiner, ist aus dem Hebräischen abgeleitet, wo Rosch Kopf bedeutet und Rosch Haschana sozusagen den Kopf des Jahres. Mit dem Hineinrutschen ist es also nichts." Wohl aber wieder einmal ein Beleg dafür, wie das Volk manches aus anderen Sprachen, in Deutschland aus dem Lateinischen, dem Französischen, dem Hebräischen und dem Jiddischen, mißverstanden, neu gedeutet, sich zurechtgesprochen hat. Ein anderes Beispiel des Wünschens, ebenfalls mißverständlich beim ersten Hören, ist „Hals- und Beinbruch". Keine Sorge, da soll sich niemand, zum Beispiel beim Skifahren in diesen Wochen, Hals und Bein brechen, im Gegenteil. Gemeint ist Segen für Hals und Bein. Nach dem Volksglauben: wie ihn Lutz Röhrich im „Lexikon der sprichwörtlichen Redensarten" ebenfalls untersucht, kann man das Gute beschwören, indem man anscheinend das Böse herbeiwünscht. Aber diesmal ist es wirklich nur scheinbar. Denn im Hebräischen und im Jiddischen heißt Hals- und Beinbruch ursprünglich „hazloche un broche", von „harzlacha" (Glück) und „bracha" (Segen) abgeleitet. In diesem Sinne: einen guten Rutsch und Hals- und Beinbruch.